Anuario Astrológico
2025

Centro Astrológico Aztlan

Anuario Astrológico
2025

Centro Astrológico Aztlan

Santoni, Florencia
Anuario Astrológico 2025: guía para los 12 Signos con Eventos
Astrológicos Históricos / Florencia Santoni - 1a ed. -
Ciudad Autónoma de Buenos Aires: Editorial Aztlan, 2024.
240 p. ; 21 x 15 cm.

ISBN 978-987-46763-9-9

1. Astrología. 2. Psicología. 3. Filosofía Clásica. I. Título.
CDD 133.5

Tapa: L'Alchimie du maçon François-Nicolas Noël, vers 1812
Diseño: Sofía Azulay.
LIBRO DE EDICIÓN ARGENTINA

Queda hecho el depósito que marca la ley 11.723
© 2024 por EDITORIAL AZTLAN. Buenos Aires
Impreso en Argentina

Dedicado a Nuestro Director y Maestro
León Azulay

Con entusiasmo renovado les traemos la 6° Edición del Anuario Astrológico Aztlan. Publicación que ofrecemos cada año de manera continuada desde el año 2020. Compartimos aquí una guía práctica de las principales energías en danza a lo largo de todo el año 2025, tanto a nivel de las previsiones de la Astrología Mundial, como también a nivel personal. Se incluyen: una pormenorizada guía mensual de energías planetarias, los ciclos de cambio y transformación marcados por los grandes Planetas entre los que se destaca la conjunción Saturno-Neptuno, y el ingreso de Urano en Géminis y Neptuno en Aries este año, junto a la guía para los 12 signos. Además de las Tablas de ingresos planetarios, lunaciones y eclipses.

La astrología, abordada con real saber y fundamento, puede brindar una brújula para anticiparnos a los eventos, y sobre todo comprender mejor los tiempos extraordinarios que estamos viviendo. Creemos firmemente en aquel lema que afirma que "la mejor medicina es preventiva": poder conocer de antemano estos ciclos energéticos puede servirnos de gran ayuda.

Este año se cumple el 150° Aniversario del nacimiento de Carl Gustav Jung, uno de los padres de la Psicología Profunda y de la Astrología con enfoque científico y psicológico. Es por ello que incorporamos un artículo de nuestro Director dedicado al gran psicólogo suizo.

Este proyecto forma parte del trabajo de divulgación y enseñanza que lleva adelante la Escuela de Filosofía, Psicología y Astrología Aztlan. La cual fue fundada por el Filósofo y Astrólogo León Azulay en 1963, contando con una trayectoria en la enseñanza que ya supera los 60 años. La Escuela Aztlan, a través de sus Cursos Online para todo el Mundo, brinda formación y conocimientos desde un enfoque integral que incluye la Psicología de C. G. Jung, la Psicología del Cuarto Camino de Gurdjieff, la Filosofía Budista, y las ciencias modernas y antiguas, que hoy ya encuentran un común fundamento: la Física Cuántica y la Astrología Científica y Psicológica. Nuestros canales de YouTube "Centro Astrológico Aztlan" y "El Escarabajo de Oro", ya cuentan con cerca de 500 mil suscriptores y son ventanas al mundo a través de las cuales se muestra parte del trabajo desarrollado por los astrólogos y profesores de la institución.

Esperamos que este Anuario sea de beneficio para sus lectores y aporte un grano de arena en estos tiempos de gran transformación. Les enviamos un afectuoso saludo, de todos los integrantes de la Escuela Aztlan, a cada uno de nuestros lectores, alumnos y seguidores de tantos años.

Indice

¿Por qué Astrología científica y psicológica? ... 13

Año 2025: ¿Qué dicen los Números? ... 17

Año Nuevo Mundial 2025 ... 25

150° Aniversario de Carl Gustav Jung ... 41

La Gran conjunción: Saturno-Neptuno ... 45

Neptuno en Aries: 2025 al 2039 ... 57

Ráfagas de cambio: Urano en Géminis ... 73

Júpiter y Saturno: Crisis y Desarrollo ... 83

Astroguía Mensual ... 97

Ingresos Planetarios ... 191

Trayectoria del Sol ... 195

Calendario de Lunaciones y Eclipses ... 197

Previsiones para los 12 signos ... 201

Ciclo de 36 años y su Regente Anual ... 227

El Árbol de la Vida ... 231

La Evolución del Hombre ... 233

¿POR QUÉ ASTROLOGÍA CIENTÍFICA Y PSICOLÓGICA?

Antes de abordar cualquier materia de estudio, necesitamos definir de qué se trata. ¿Qué es y qué incluye la Astrología? y ¿Qué no lo es? Para empezar, podemos aclarar la relación entre Astronomía y Astrología.

La Astronomía es el estudio de la constitución física de los cuerpos celestes, sus dimensiones y su movimiento. "Astro" significa "estrella", y "nomos" quiere decir "posición". El astrónomo moderno calcula, sea por medio de aparatos ópticos o por cálculos matemáticos, las posiciones relativas de los cuerpos celestes. Por medio de estos cálculos, se conforman las Tablas Efemérides, que los astrólogos profesionales utilizamos para nuestro trabajo. Sin embargo, los antiguos astrólogos también eran astrónomos. Los sabios caldeos de Babilonia de hace 3000 años atrás, tenían sus observatorios con los que elaboraban las tablillas con las posiciones planetarias para hacer sus pronósticos y predicciones. El observatorio más antiguo de que tenemos noticia es el de las torres o zigurat de Babilonia, en la cual los astrónomos caldeos hicieron sus principales observaciones. Lo mismo para antiguos egipcios, griegos e incluso astrólogos medievales y posteriores (como Giordano Bruno, Nostradamus, Tycho Brahe, J. Kepler, entre otros). Es decir, que Astronomía y Astrología no estaban separadas.

Por ello, en los tiempos actuales, cuando un astrónomo desdeña la astrología, negando la influencia de los planetas sobre nosotros, sólo pone en evidencia sus prejuicios y falta de investigación. Bastaría con hacer su propia Carta Natal para comenzar a comprobar empíricamente la veracidad de la Astrología.

Por otro lado, tampoco la Astrología puede prescindir de sus bases científicas. Si bien su gran difusión a nivel popular ha logrado esparcir sus semillas a lo largo y ancho del mundo, lo hace muchas veces de un modo muy elemental y poco serio. Sin embargo, están en los cimientos de la Astrología los saberes astronómicos, matemáticos, metafísicos y psicológicos. Por lo que un verdadero aspirante al conocimiento astrológico, en esta época en la que como Humanidad necesitamos dejar atrás los ciegos dogmas, necesita proveerse de un enfoque científico e integral.

La Física Cuántica con sus últimos descubrimientos sobre mecánica ondulatoria, viene a comprobar para la mente moderna lo que los Antiguos ya sabían: todo está formado por energía, en permanente movimiento inteligente e interdependiente. El mundo es un todo interconectado y cada individuo un nodo en la viva red de vida. La tradición hindú ofrece la imagen de la "Red de Indra". En el pensamiento budista encontramos esta idea expresada en el concepto de "origen dependiente" o de causalidad mutua. Es decir, la interdependencia de todos los fenómenos. Allí se mueve la Luna, aquí se mueve una emoción, un proceso biológico o una idea en la mente humana… Actualmente esta percepción aparece en la ciencia, en la física cuántica. David Bohm, físico, sostenía que la mecánica cuántica revela que la realidad es un todo indiviso en el que todo se conecta de manera profunda, trascendiendo los límites ordinarios de tiempo y espacio.

Volver a integrar las ciencias, entre las que se encuentran la Astronomía y la Astrología, es una importante tarea que nos ocupa y que tratamos de reflejar a través de este libro, y especialmente en las clases y formación de la Escuela Aztlan, en base al método desarrollado por el Filósofo y Astrólogo León Azulay. Por eso la llamamos: "Astrología Científica y Psicológica".

"Científica" en tanto que se basa en un método lógico en el que se estudian leyes del funcionamiento de las energías planetarias. Y, como toda ciencia, es comprobable mediante su estudio y práctica. Nos referimos a la palabra "Ciencia" en su sentido original, como "Conocimiento". Su definición según el diccionario es: *"Conjunto de conocimientos obtenidos mediante la observación y el razona-*

miento, sistemáticamente estructurados y de los que se deducen principios y leyes generales con capacidad predictiva y comprobables experimentalmente".

No obstante, en la modernidad, el término "científico" se usa limitadamente para las disciplinas que se comprueban en un laboratorio y que tienen un enfoque materialista. La Astrología es comprobable de manera empírica, primero mediante el profundo y completo estudio de sus principios y fundamentos. Luego, a través de la práctica, guiada por un Maestro o Sabio Astrólogo, que permita obtener las comprobaciones mediante: estudio de su propia carta natal, tránsitos, direcciones y revoluciones solares (lo que incluye lo predictivo). Así como también a través del estudio y análisis de cientos de casos astrológicos, lo que incluye las diversas ramas de la Astrología, entre las que se encuentran:

- **La Astrología Meteorológica:** Se usa para pronosticar el clima y otros fenómenos terrestres tales como inundaciones, temblores, etc.

- **La Astrología Mundial:** Estudia los grandes movimientos o acontecimientos de orden político y social. Mediante ella se pueden comprender procesos históricos de cambio, y al mismo tiempo entender el presente y prever acontecimientos futuros. Su estudio incluye la Carta del Año Mundial, las cartas astrológicas de países, los ciclos de los grandes planetas y su efecto colectivo, etc.

- **Astrología Horaria y Electiva:** Se usa para hacer una elección del momento astrológico propicio para una acción, empresa, proyecto determinado. Puede así elegir los mejores momentos para un casamiento, apertura de una empresa, firma de un contrato, hacer una mudanza, realizar un evento social o profesional, etc.

- **Astrología comparativa:** En ella se estudia la compatibilidad de Cartas astrológicas entre dos personas (denominadas "Sinastrías"). Su finalidad es conocer los puntos fuertes y las dificultades en un vínculo, sea una sociedad comercial, una pareja, la relación entre padres e hijos, entre otras.

- **Astrología Médica:** Como herramienta preventiva es muy útil conocer las predisposiciones a salud y enfermedad que las distintas personas tenemos a fin de tomar medidas adecuadas para mejorar la salud. La Astro-medicina era más habitual en la antigüedad. Ptolomeo (Siglo II d.C.) menciona en sus aforismos, instrucciones sobre los momentos más beneficiosos para determinados tratamientos o toma de medicamentos. También fue usada por el padre de la Medicina, Hipócrates, quien fundó su "Teoría de los Días Críticos", como parte de los tratamientos a sus pacientes. El médico psiquiatra Carl Gustav Jung, en el Siglo XX, fue pionero en retomar esta senda, tan compleja, abriendo camino a los médicos actuales a que aprendan e incorporen a su estudio a la astrología.

- **Astrología Individual:** Esta suele ser la rama más extendida. Se basa en el estudio de la Carta Natal, que es una fotografía del cielo al momento del nacimiento, un mapa de nuestra personalidad total (que incluye los aspectos intelectuales, emocionales y físicos). Se elabora tomando en cuenta la fecha, hora y localidad de nacimiento. En este sentido, la Astrología es "psicológica", ya que nos permite conocer la psique humana, sus tendencias, capacidades, así como su vocación y destino individual. Además, que permite dar orientación en la vida social, profesional, afectiva, económica y familiar; así como desarrollar nuestra personalidad e identificar los complejos o conflictos a resolver. En este sentido es fundamental el aporte del gran psicólogo suizo, el Dr. Carl Gustav Jung, quien también usara la astrología como herramienta de diagnóstico con sus pacientes.

- **Astrología Predictiva:** Estudia los factores de cambio y las tendencias futuras para pronosticar sucesos, tomar medidas preventivas ante los obstáculos y, al mismo tiempo, aprovechar las oportunidades que se presentan. Su estudio implica herramientas como la Revolución Solar, los Tránsitos y las Direcciones.

Brindar significado y orden al aparente caos de la experiencia humana, y así ayudar al individuo a conseguir un mayor grado de integración, salud y comprensión. Ese es el propósito de la Astrología tal como la abordamos en este libro y en el Método Aztan.

AÑO 2025 ¿QUÉ DICEN LOS NÚMEROS?

Carl Gustav Jung definía a los Números como Arquetipos de Orden, símbolos de un lenguaje universal que revela toda la existencia.

Los 10 números naturales, revelan todo un Cosmos. A modo de ejemplo, mencionamos la simbología de los cuatro primeros números.

NÚMERO 1: El Inicio y Fin. La Unidad, lo no-dividido. El Filósofo neoplatónico Plotino se refería a una trinidad fundamental: La Verdad y El Bien conducen a Lo Uno. Lo Uno, es el Ser Universal en el lenguaje oriental, la Mente Cósmica, lo Absoluto. En el lenguaje científico occidental, lo llamaríamos el "Espacio-Tiempo", que incluye a todo el Universo entendido como Unidad (es Uni-verso, y no Bi-Verso...).

NÚMERO 2: Esta Unidad, pasa a manifestarse a través del 2, en la dualidad de opuestos complementarios, como el protón y el electrón, el día y la noche, lo femenino y lo masculino... Entre el Yin y el Yang se desarrolla toda la existencia. Todo fluye hacia su opuesto, decía el filósofo Heráclito.

NÚMERO 3: En el 3, cuya figura geométrica es el triángulo, hallamos la trinidad como símbolo de la creación. De allí el Arquetipo de las Trinidades en las religiones de todas las épocas; tal como Brahma, Vishnu y Shiva; o Padre, Hijo y Espíritu Santo.

NÚMERO 4: Es el cuadrado, que representa la concreción material de la Idea.

Y así sucesivamente hasta el pleno desarrollo en el 9, y luego a través del 10, volver nuevamente a lo Uno (ya que al descomponer el 10, sumando sus dos cifras, 1 + 0 es igual a 1). Toda una metafísica que se revela a través del lenguaje de los números.

"Todo está arreglado según el Número" es una frase que se atribuye a Pitágoras y que revela su pensamiento: "Toda la manifestación física está conformada en base a los Números y las Formas Geométricas".

Los números son más que indicadores de cantidades. Si bien en la cotidianeidad los utilizamos permanentemente para contabilizar y especialmente hoy para la economía, su esencia va más allá de lo meramente cuantitativo. Son símbolos o Arquetipos que nos brindan información y nos orientan acerca de los procesos de nuestra vida.

Los 9 números designan cualidades y procesos característicos. Muchas veces se expresan en nuestra vida trayendo mensajes mediante las sincronicidades (coincidencias significativas, que en el lenguaje común llamamos "casualidades").

Si tenemos en cuenta que cada año representa una etapa o período dentro de una serie mayor, ¿qué indica la simbología de los números asociados a este año 2025?

Dentro de la Numerología Pitagórica, al hacer la reducción del 2025 mediante la suma de cada una de sus cifras por separado, obtenemos el número 9:

$2+0+2+5=9$

Encontraremos en estos símbolos no sólo un mensaje de advertencia de los eventos futuros, sino también de guía y esperanza acerca de lo que individualmente podemos aprender cada uno de nosotros si estamos con una disposición psicológica correcta.

EL 9 EN EL TAROT: EL ERMITAÑO

Este Arcano del Tarot representa el Arquetipo del Anciano Sabio, el maestro. Es también la sabiduría lograda con la experiencia. Astrológicamente se relaciona con el Arquetipo de Saturno.

En la imagen se ve un monje, de edad avanzada, caminando hacia la izquierda (que representa el mundo interior, lo inconsciente). Es una carta que nos habla de la necesidad de encontrar momentos de retiro e introspección. Ilumina con su lámpara (la luz de su consciencia, su atención) el camino que recorre.

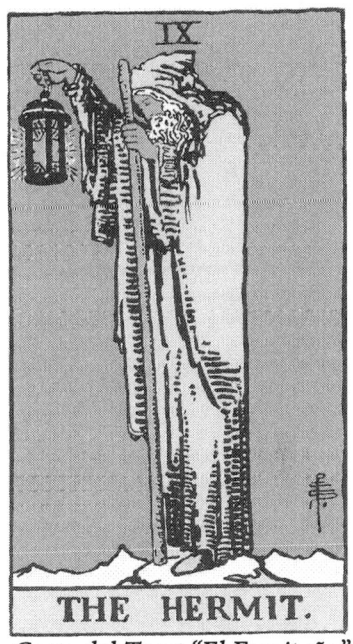

Carta del Tarot "El Ermitaño"

Podemos imaginar que lo hace de un modo lento y firme. Mirando dónde dará su próximo paso, ya que tiene prudencia y paciencia. Estas son virtudes que este 2025 necesitaremos desarrollar y aplicar, para conseguir nuestros propósitos.

Uno de los temas importantes a los que invita es: al autoconocimiento. También nos advierte sobre el peligro de estar desatentos (sin atención plena en el presente) y nos indica que es necesario protegerse de influencias externas nocivas. La cantidad de impresiones que recibimos a diario es cada día mayor. La enorme masa de información y datos que llegan a nuestra mente cada día genera una gran cantidad de ruido mental al no ser digeridas. Las redes sociales 24hs y las tecnologías que nos mantienen permanentemente online llevan a la saturación e indigestión mental. Por ello elaborar estrategias para protegerse de lo negativo no tiene que ver con caer en una actitud de negación o evasión. Sino que necesitamos aprender a seleccionar qué dejamos entrar a nuestra mente a través de prácticas de atención que proveen la filosofía budista, el Cuarto Camino y la práctica de la psicología de Jung, entre los más destacados sistemas.

El Ermitaño representa, por otro lado, a la gente anciana o mayor. Esta carta es una invitación a revalorizar el papel de los mayores en la sociedad y la familia. La vejez se ha convertido en un tabú, por lo que es posible que este mensaje no sea bien recibido en 2025 por la mayoría condicionada con la idea de "la eterna juventud". Sin embargo, como enseña el budismo, todos envejecemos, por tanto, un buen ejercicio es tratar a nuestros mayores como nos gustaría que nos trataran a nosotros cuando seamos ancianos.

El lado en sombras de este arquetipo es que puede representar retiros forzados, es decir situaciones de aislamiento, soledad y depresión a nivel colectivo. Aunque a veces se mantenga un rol social, detrás de la máscara del personaje pueden esconderse estados anímicos de angustia y decaimiento. Como se ha planteado en la filosofía de Heidegger, la angustia y los "estados anímicos bajos", tiene una función positiva. En esos momentos, la persona pierde el interés por las "cosas del mundo". Por ende, lo que queda en evidencia es el Ser. Claro que no siempre se llega a esa instancia, ya que muchas veces se trata de tapar los estados, o se queda uno simplemente atascado allí. Sin embargo, citando a Jung, esa "depresión puede ser una bendición" si nos lleva a darnos cuenta de aquello que precisamos cambiar, o atender. Para luego emprender una nueva etapa de nuestras vidas.

EN EL I-CHING
EL HEXAGRAMA 25

En el antiguo libro de la Sabiduría China llamado I-Ching o "Libro de los Cambios", cada uno de los 64 Hexagramas representa un arquetipo y describe procesos muy precisos que los seres humanos atravesamos en la vida.

El Hexagrama 25, se llama "Lo Natural" (Wu Wang). Según las explicaciones de los intérpretes del I-Ching, "lo natural, es el orden de lo que debe ser, el movimiento que sigue las leyes del cielo". Los sabios taoístas definen lo natural como: "aquello que se pliega a la razón del ser de las cosas". Sostienen que actuar con naturalidad es actuar en forma espontánea. Sin embargo, hace una aclaración muy necesaria, ya que no debe confundirse la espontaneidad con la excentricidad o la expresión torpe de cualquier cosa negativa sin filtro. Sino que ellos hablan de una espontaneidad que surge de nuestra naturaleza profunda. Es decir, que lo espontáneo es reflejo del Ser Esencial (lo que implica buenos sentimientos e intenciones nobles). Expresión similar a un pequeño bebé, que es esencial e incapaz de dañar a otros. Esto implica una expresión que esté libre de las ideologías de moda, de la masificación y de las emociones negativas. Las Leyes del Dharma, o de lo Natural para el Ser Humano, son lo mismo que Jung llamara los Arquetipos del Inconsciente Colectivo. "La naturaleza no halla su expresión verdadera sin la dirección del espíritu; de no ser así, se degenera", afirma también el "Libro de los Cambios".

Este Hexagrama 25, para el año 2025, es un llamado a descubrir nuestra naturaleza esencial, y actuar acorde a ella.

"La conducta natural aporta la fortuna", agrega el I-Ching. Sin embargo, lo más evidente suele ser al mismo tiempo lo más sutil, oculto o desconocido. Como el clásico ejemplo del pez que no sabe qué es el agua… Por eso, para lograr llegar a "lo natural", a tocar nuestra naturaleza esencial, necesitamos identificar los impedimentos. Esas barreras están en la Sombra, nuestro lado instintivo. Que en el animal es perfecto, pero en el hombre se expresa como: egoísmo, posesividad, violencia, celos, codicia, vanidad, etc (Jung lo llama la Sombra Personal). En definitiva, nuestros defectos. Pero, además, está la Sombra Colectiva (que es el conjunto de la forma de vida actual, hoy en día muy evidentemente representado en los crímenes, las guerras, la explotación, el racismo, etc.).

¿Cómo volver a lo natural entonces? En parte lo vemos expresado en una nueva búsqueda por volver a "los alimentos reales", aquellos que no son industriales, que provienen de la Naturaleza. También se puede observar en la búsqueda de muchas personas de alejarse de las grandes ciudades. Son movimientos y búsquedas que expresan esta "vuelta a lo natural" a la que hoy aspiran muchas personas. Pero no debemos limitarnos sólo a la alimentación, o al lugar donde vivimos, necesitamos buscar "La Naturaleza de la Mente". Ya que podemos vivir en el lugar de más bellos paisajes, rodeados de bosques o montañas, sin embargo, si llevamos una mente condicionada, no podremos hallar la verdadera paz y calma interior.

C. G. Jung, en su autobiografía, en un fragmento en que relata cómo cortaba leña, cocinaba, limpiaba, etc. en el retiro de Bollingen, hace la siguiente reflexión: "Las cosas simples hacen al hombre sencillo; y ¡qué difícil es ser sencillo!"

Respecto a la reducción del número 2025, el número 9, nos lleva al Hexagrama 9 que es: "El Poder de lo Débil". La fuerza sombría que detiene. Este hexagrama indica esos impedimentos para "ser natural". Pone el foco en los peligros, en aquello que puede detenernos. Conocer estos símbolos de antemano, puede ayudarnos a afrontar este nuevo año 2025, con una disposición mental y emocional positiva para superar esos obstáculos y valorar lo que es verdaderamente importante.

EL NÚMERO 9 COMO ARQUETIPO

El 9 es el último de los números naturales. Por ser el último de la serie de las cifras, anuncia a la vez un fin y un nuevo comienzo. Una trasposición a un nuevo plano. Representa un hito de un proceso y una culminación. Nacimiento y germinación al mismo tiempo que muerte a un ciclo. "Si el grano de trigo no cae en tierra y muere, queda él solo; pero si muere, da mucho fruto" (Juan Cap. 12,23-24).

Las "Nueve lunas" o meses lunares, son el tiempo natural de la gestación en el útero materno. Por ello el 9 representa la fructificación y el coronamiento de una serie de esfuerzos. El nueve es el símbolo de la multiplicidad que retorna a la unidad.

Ya que después del 9, viene el 1 (es decir el 10). Por ello es símbolo de la solidaridad cósmica y la redención. La redención es un proceso psicológico complejo y necesario en cualquier transformación real. Se define en el diccionario a la redención como la "acción y efecto de redimir. Se asocia con: liberación, salvación, exención y recuperación". Si bien en la conciencia colectiva se asocia el término a las religiones, sin embargo, es un proceso psicológico del Ser Humano. En la escuela de la vida física atravesamos diversas pruebas, luchas, aprendizajes, sufrimientos, cometemos errores por ignorancia... la redención implica un proceso de "darse cuenta" de lo vivido, y una transformación. En el gnosticismo se definía como "Metanoia", cuya traducción literal es "cambio de mente". Aunque en las versiones modernas se haya traducido erróneamente como "arrepentimiento". Esta idea de "recogimiento", de vuelta a lo esencial, es una constante en este arquetipo numérico. Lo vimos en la Carta 9 del Tarot, y también se expresa en las propiedades matemáticas del número.

Esta "recuperación" de la que hablábamos la vemos expresada en una propiedad de los múltiplos de 9. Ya que todos sus múltiplos tienen una propiedad "mágica", en la que retornan al 9.

9x1=9
9x2=18=1+8=9
9x3=27= 2+7=9 ... y así sucesivamente

El número nueve interviene en la imagen del mundo descrita en la Teogonía de Hesíodo. Nueve días y nueve noches son la medida del tiempo que separa el cielo de la tierra.

En la mitología nórdica se dice que Odín colgó durante 9 días y 9 noches del Árbol Yggdrasil (fresno sagrado que representa el eje del mundo), y así obtuvo la sabiduría y los símbolos de las runas.

En síntesis, encontramos en estos símbolos indicado un momento de culminación, crisis y cambio hacia un nuevo ciclo. Esto se confirma con los datos que proporcionamos a lo largo de este Anuario 2025, en los que el lector podrá ver los grandes cambios planetarios que se producen este año, indicando un año de gran intensidad.

AÑO NUEVO MUNDIAL 2025

CIVILIZACIÓN EN TRANSICIÓN

Nada ni nadie nace en el vacío. Cada uno de los seres humanos que habitan nuestro planeta, están sujetos a influencias de carácter colectivo. Somos parte de la historia de nuestra época, y claro está que los acontecimientos mundiales moldean y condicionan las experiencias de generaciones enteras. Para entender estos procesos de carácter colectivo es necesario dedicar estudios profundos que tengan en cuenta las tendencias ideológicas, políticas, culturales, estructuras de poder, que mueven los hilos de una época, pero también que comprendan las fuerzas de carácter metafísico y astrológico que subyacen a estos procesos. En este sentido se debe tener presente que nos encontramos en ciernes a una nueva época histórica.

Pero... el lector puede preguntarse, ¿cómo sabemos que estamos en una Nueva Era Histórica? La respuesta está en el estudio del **Ciclo de Precesión de los Equinoccios,** al que se refirieron desde Platón, Hiparco de Nicea y Claudio Ptolomeo, hasta pensadores contemporáneos de la talla del Dr. Carl G. Jung. En una apretada síntesis, cada Gran Año o Ciclo de Precesión consta de 26.000 años que se dividen en 12 Eras, cada una de las cuales está regida por un Signo Zodiacal.

Cada Era dura 2.160 años. Cada Era empieza con una puesta en circulación de energías creativas cósmicas que se convierten en el material que los hombres usarán en la construcción de las civilizaciones.

La Era anterior ha terminado: la Era de Piscis, que comenzó en el Siglo I antes de Cristo. Jung vio el nacimiento de Cristo como un heraldo de la Era de Piscis. Además del importante aspecto histórico y esotérico, se refirió a Cristo desde el punto de vista de la Psicología Profunda, como la representación del Arquetipo del Self (la Consciencia Real o el Ser espiritual). Fue un acontecimiento sincrónico que reveló la imagen de lo divino contenida en el inconsciente colectivo. De hecho, la mayoría de nuestras ideas sobre la Era de Piscis están vinculadas al simbolismo del cristianismo con su énfasis en los peces, los pescadores, los panes y los peces, y el lavatorio de los pies (los pies están regidos por el signo de Piscis, entre otras cosas).

En su libro "AION", Jung exploró este simbolismo y su relación con la historia. Utilizó los dos peces de la constelación de Piscis para trazar el desarrollo del cristianismo a medida que avanzaba la Era. El primer pez se relaciona con el nacimiento de Cristo, el crecimiento del gnosticismo y las enseñanzas de renovación de la humanidad. Como ideal y enseñanza, ha quedado impresa en la Humanidad. Aunque a la vista de cualquier observador, todos esos ideales quedan aún por realizarse. Siguiendo el símbolo de la Era de Piscis, el segundo pez se relaciona con la caída, la decadencia de esa forma cultural y el surgimiento del materialismo. En el lenguaje del gnosticismo se denominó como "el Anticristo" al materialismo, entendido no como una persona en particular, sino como los procesos opuestos a las enseñanzas de humanismo, compasión, bondad, el perdón, la cooperación; es decir, la deshumanización, la crueldad, el crimen y la maldad, la explotación. Esto significa que había una determinación histórica, prevista por los antiguos profetas (muy detallada también en el Libro de la Revelación) de que habría tiempos apocalípticos y de destrucción. Sin embargo, al mismo tiempo, se habla del Nuevo Nacimiento de "Una Nueva Tierra". Esta es la Era de Acuario.

La Nueva Era de Acuario comenzó en 1936, signo del Humanismo, de las Nuevas Ciencias, de la Tecnología y la Unión de la Humanidad. En estos últimos casi 90 años los avances tecnológicos, así como los cambios en las costumbres y la mentalidad colectiva, han sido enormes y no tienen comparación con otros siglos anteriores. Somos testigos de luchas entre los viejos y nuevos paradigmas (en las ciencias, religión, educación, política, etc.). Estamos entre dos aguas, Jung definió esta época como "Una Civilización en Transición".

La preocupación acuariana por la ciencia se refleja en el camino emprendido por nuestra civilización, dominado por la ciencia y la tecnología (viajes espaciales, computación, electrónica, desarrollo de las telecomunicaciones). Sin embargo la palabra clave de Acuario es "humanismo", y es de esperar que con el desarrollo de la Era el protagonismo de las ideas humanistas se extienda a todos los campos de la experiencia de los hombres.

Lo mencionado es a fin de poner al lector en contexto de la época trascendente en la que nos encontramos, para ahora focalizarnos en el año 2025.

EL AÑO NUEVO ASTROLÓGICO COMIENZA EL 20 DE MARZO

Una de las claves del estudio de la astrología es el Año Nuevo astrológico, que se produce alrededor del 20 de Marzo, cuando el Sol ingresa en el 0° de Aries, primer signo del Zodíaco. Este evento coincide con el equinoccio, que marca simultáneamente el inicio del otoño en el Hemisferio Sur, y el de la primavera en el Norte.

Si bien a lo largo de las distintas culturas y de la historia encontramos distintos tipos de calendarios, desde hace unos siglos el más extendido es el llamado calendario gregoriano (diseñado en el Siglo XVI por orden del Papa Gregorio XII). El mismo fue adoptado desde esa época por todos los países católicos romanos, si bien en el resto del mundo demoró su aceptación.

En la antigua Babilonia, cuna de la Astrología, hacia el 2250 a.d.C. se celebraba el Año Nuevo en el Equinoccio Primaveral, con un festival denominado Zagmuk en honor de su deidad patrona Marduk. En esa misma región geográfica del Oriente Medio (hoy en día Irán, junto con otros países herederos de la cultura persa), se continúa festejando el año nuevo en el Equinoccio de Primavera, coincidente con la entrada del Sol en Aries. Desde el punto de vista energético y astrológico el 1° de Enero de nuestro calendario oficial no constituye ningún evento especial, en esa fecha el Sol se encuentra en el grado 10° de Capricornio.

Astrológicamente la entrada en ese grado zodiacal marca el inicio de un ciclo energético que se desarrollará y prolongará durante los doce meses siguientes, en los cuales se va modulando la energía. Los 4 hitos de este movimiento de la energía vital representada por el Sol son los dos equinoccios y los dos solsticios, que indican además los cambios de estación, regulando todos los ciclos biológicos de nuestro planeta en el nivel vegetal, animal y humano.

2025: ANÁLISIS ASTROLÓGICO DEL AÑO MUNDIAL

A continuación podrá ver la carta que corresponde al año mundial que inicia el 20 de Marzo de 2025, y extenderá su influencia los 12 meses siguientes.

La Carta se calcula para la hora exacta en que se produce el equinoccio y entrada del Sol en 0° de Aries. La localidad para la cual se calcula es Greenwich, debido a que es allí por donde pasa el Meridiano 0°, punto de incidencia mundial a nivel energético y simbólico. También es posible ver los efectos particulares para cada nación, levantando una carta local para ese país y comparándola con la carta astral de cada país del mundo. En este capítulo ofrecemos una breve guía, el análisis pormenorizado de la Carta Mundial es preciso realizarlo en el contexto del estudio científico de la astrología, lo que hacemos en nuestros Cursos Avanzados (de la Escuela Aztlan).

ASCENDENTE GÉMINIS CON JÚPITER EN CONJUNCIÓN:

El Ascendente de este año es Géminis en conjunción con Júpiter y con un Medio Cielo en Acuario, ambos son Signos de Aire. Este énfasis en este Elemento pone de relieve en el despliegue anual

Carta de la entrada del Sol en Aries y Año Nuevo Mundial 2025

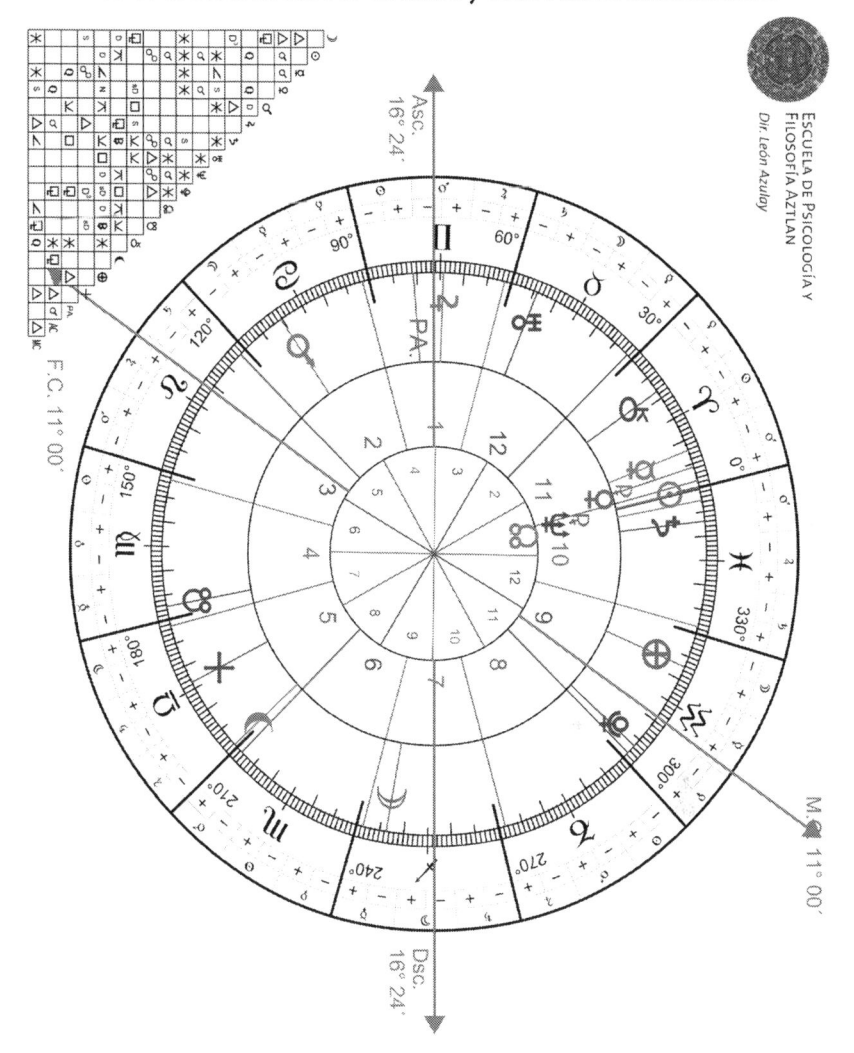

Nombre: Año Mundial 2025
Lugar: Greenwich, UK
Lat/Long: 000W00 51N29
Fecha: 20.3.2025
Hora: 9:01:13 UT +0:00

AC	16°24'33''	♊
MC	11°00'14''	♒
☽	6°21'25''	♐
☉	0°00'00''	♈
☿ ℞	7°53'25''	♈
♀	4°19'27''	♈
♂	20°14'58''	♋
♃	14°19'06''	♊
♄	23°04'30''	♓
♅	24°15'44''	♉
♆	29°37'02''	♓
♇	3°20'42''	♒
☊	27°20'49''	♓
⚷	27°20'49''	♍
⚸	21°37'48''	♈
⚶	29°15'41''	♎
⊕	22°45'58''	♎
⚴	13°35'01''	♒
PA	20°44'00''	♊

Escuela de Psicología y Filosofía Aztlan
Dir. León Azulay

29

los temas relacionados con los medios masivos de comunicación y la circulación de información y datos, que tendrá una connotación mundial ya que el Medio Cielo (lo concreto del año) está en la Casa 9, que es la Casa de las organizaciones internacionales. El Aire es un Elemento más cambiante e inestable, por tanto debe esperarse un año de marchas y contramarchas. Así como la brisa juguetona que lleva y trae las hojas del otoño, podemos sentirnos cual "hoja al viento". Por ello, para no perderse en este maremagnum de datos y estadísticas, este año los individuos necesitarán desarrollar mayor capacidad de discernimiento. Preguntarse; ¿cuáles informaciones son verdaderas y cuáles falsas? ¿En qué fuentes informativas usted está abrevando? Poner un filtro, que cual destilería le haga reflexionar permanentemente, ya que si uno se basa en una información errónea o mentirosa, terminará tomando acciones en su vida que lo pueden perjudicar.

Júpiter es el planeta de las finanzas, por lo que es de esperar un fuerte énfasis en la economía mundial, medidas tendientes a la búsqueda de reactivación económica y mucha especulación.

Otro tema es que los países "Géminis" pueden tomar especial relevancia. Los EE.UU. tienen un Sol en Cáncer, y un Ascendente en Géminis (muy cerca del Ascendente mundial), esto indica que los eventos que allí sucedan tendrán fuerte impacto global. La posición de Júpiter en el Ascendente indica un proceso de conformación de nuevas alianzas estratégicas y comerciales a nivel internacional y un muy fuerte énfasis en los temas de carácter económico.

El Fondo Cielo en Leo indica las finalidades del año que serán intensas, con figuras de carácter carismáticos y al mismo tiempo que buscan el "culto a la personalidad". Las metas se manifestarán por momentos explosivamente y con cierta violencia, ya que el regente de Leo es el Sol, que se halla en Aries.

Habrá fuertes manifestaciones climáticas debido al desequilibrio y contaminación de los 4 elementos: Fuego, Tierra, Aire y Agua, que se manifestarán como grandes inundaciones, incendios, tormentas y terremotos. Todo ello es la expresión de la transformación a la que el planeta se está sometiendo en estos tiempos.

PUJA COMERCIAL Y FINANCIERA

Así como en una Carta Personal la Casa 1 define la personalidad, en Astrología Mundial la Casa 1 es el cuerpo político de un país, así como también sus habitantes; representa la psicología de las masas, la conciencia pública y la expresión colectiva. Al estar Júpiter en conjunción con el Ascendente, la economía y el comercio mundial serán eje de las decisiones globales. Júpiter querrá llevar adelante el libre comercio sin limitaciones, pero la cuadratura que formará con Saturno generará conflictos con restricciones arancelarias para el comercio internacional, que se podrán solventar en la medida en que Júpiter siga avanzando hacia el trígono con Saturno cuando entre en Cáncer. Los datos de crecimiento económico pueden verse reflejados especialmente en países con fuerte impronta del elemento Aire (es decir, de Géminis, Libra y Acuario). Tensiones por cambios en las divisas a nivel mundial.

¿LOS HERMANOS SEAN UNIDOS?

Observemos la naturaleza del Signo de Géminis: Signo Mutable del Elemento Aire, muy dinámico, cambiante, dualista. De hecho, el símbolo simplificado de Géminis es como un "2" de los números romanos (II). El 2 representa los aspectos aparentemente irreconciliables de una situación (aunque los opuestos en realidad son complementarios y no enemigos). En la mitología son los hermanos Castor y Polux, o Rómulo y Remo, por ejemplo. En las tradiciones religiosas, Caín y Abel.

Los gemelos Géminis representan la comunicación, que solo puede ocurrir cuando hay al menos dos personas. En la Astrología egipcia la constelación de Géminis se llamaba "Dos estrellas". El Zodíaco de Dendera representa al Signo como un hombre y una mujer (que simbolizan la dualidad). En la imagen ambos se toman de la mano, representando que los opuestos son complementarios y cooperan entre sí. El desafío será evitar los extremos, buscar los puntos de comunión y tercera fuerza.

Las luchas entre hermanos se pueden expresar en el plano social como así en el nivel íntimo y familiar. Estas luchas entre connacionales o entre hermanos biológicos no son sino una expresión de la no integración de la Sombra. Es decir, si no soy capaz de ver la viga en el ojo propio, lo que haré es proyectar y ver la paja en el ojo ajeno.

Esto está acentuado por la posición del planeta Regente (Mercurio) en el guerrero signo de Aries. Las capacidades diplomáticas están reducidas porque Mercurio y Venus retrógrado generan torpezas o violencia verbal. Saturno desde la Casa 10, al estar en armónico aspecto con Marte y Urano, puede colaborar como "barrera de contención" frente a los exabruptos de dirigentes (nos referimos a exabruptos verbales o en sus acciones y medidas leoninas), ya que Saturno es el planeta de la mesura, que trata de priorizar la "preservación" de los procesos...

Como piezas de ajedrez, al modo saturnino, las potencias mundiales mueven sus fichas con cierta cautela ya que una guerra nuclear total no tendría ningún ganador ni sobreviviente. Sin embargo la tensión es grande, tal como se ve reflejada en esta carta del Año Mundial. Citamos un conocido fragmento del clásico poema gauchesco "El Martín Fierro", de José Hernandez:

"Los hermanos sean unidos

porque esa es la ley primera;

tengan unión verdadera

en cualquier tiempo que sea,

porque si entre ellos pelean

los devoran los de afuera".

EL SOL ASEDIADO POR 4 PLANETAS

Vemos al Sol literalmente rodeado de 4 planetas; Mercurio retrógrado, Venus retrógrado, Neptuno y Saturno, a los que se suma el Nodo Norte de la Luna. En el lenguaje astrológico, se llama "Conjunción" cuando dos planetas se encuentran juntos en el Zodíaco. Cuando la conjunción se produce entre más de 3 planetas se considera muy fuerte y se denomina "Stellium". Preanuncia grandes cambios, siendo un fenómeno notable, es decir no habitual. Un stellium siempre acentúa la naturaleza del Signo y la Casa en que se produce. Ya que esta gran concentración de energía, lleva la atención a un sector de la carta, generando una energía de focalización, determinación y al mismo tiempo, una tendencia unilateral y casi obsesiva alrededor de unos pocos temas. Un ejemplo notorio fue en el Stellium del Año Mundial del 2020 cuando se reunieron en Capricornio 4 planetas: Saturno, Plutón, Júpiter y Marte; marcando la histórica pandemia y reseteo mundial. El evento fue muy dramático ya que se reunieron los llamados "maléficos" (Marte y Saturno) junto a Plutón (planeta de máxima potencia) y Júpiter (que expande los procesos), y fue en el signo de Capricornio de las estructuras sociales y políticas. En síntesis, una gran concentración de poder mundial y cambios drásticos en las estructuras de vida (como anticipamos en nuestro Anuario 2020, definiendo ese año como "bisagra, un antes y después"). En 2025 se trata de planetas de otra naturaleza, por un lado el Sol, Venus y Mercurio, que suelen estar relativamente cerca; y por el otro Neptuno y Saturno. Se potencia la energía de Aries, con mucha discusión política en torno a las guerras, con coaliciones que se resienten o se rompen, y un nuevo juego de alianzas debido a la Casa 11 (de las organizaciones internacionales).

Una vez se le preguntó al pensador armenio G. I. Gurdjieff si se podía impedir las guerras. Él dijo: *"Sí. Pero el Hombre ha de cambiarse a sí mismo para que ciertas vibraciones no hagan de él un ser violento. Las guerras no son causadas por el Hombre. El origen de las guerras es el cruce de planetas que provocan una tensión y ciertas vibraciones. La humanidad mecánica traduce estas tensiones en emociones violentas y así de ello resultan las guerras. Si el Hombre llega a ser más consciente, puede, al contrario, recibir esa energía en la forma de un acrecentamiento de consciencia".* Con esto significaba Gurdjieff que es posible reaccionar de 2 modos muy diferentes frente a las energías tensas: una de forma destructiva, y la otra canalizando esas energías de modo consciente.

LOS DOS LADOS DE POSEIDÓN: LO POSITIVO Y NEGATIVO

El Sol es el planeta de los Presidentes, Monarcas, Jefes de Estado. Neptuno, también llamado Poseidón en la Mitología, es el planeta más cercano a la conjunción y el que mayor influencia da, ya que se encuentra en su propio signo (Piscis). Además, al ser un Planeta Transpersonal y muy lento, tiene mucha influencia a nivel colectivo e histórico (desde hace 160 años que Neptuno no sale en conjunción con el Sol en el Año Mundial). Asimismo está en conjunción con el Nodo que amplifica su potencia. Las palabras claves serán: "Liderazgos débiles"; "Caída del Trono"; "Exaltación de líderes Mesiánicos", "Mezclas confusas o engañosas entre política y religión" o "escándalos de corrupción". También serán claves los problemas ligados al uso masivo de drogas como problemática mundial, y por el lado positivo, veremos un fuerte misticismo y búsqueda espiritual de parte de la población.

Desde el punto de vista climático Neptuno rige el elemento Agua. Así como en 1861 se obtuvieron registros récord de lluvias caídas en un mes y un año (fue en la India en esa época), podemos esperar eventos similares.

Para Estados Unidos fue el año de inicio de la Guerra Civil. Para Argentina, fue el año en que, más precisamente el 17 de septiembre, en el sur de la provincia de Santa Fe, se libró la batalla de Pavón en el marco de la guerra civil. El resultado provocó la caída de la Confederación Argentina y la unificación del país bajo la égida del partido unitario (de carácter liberal), con capital en Buenos Aires.

FARISEÍSMO VS AUTÉNTICO HUMANISMO

El Stellium cae en la Casa 11, indica un creciente desprestigio de las Organizaciones internacionales al mismo tiempo que plantea su necesidad de cambio o su agonía; y señala el surgimiento o fortalecimiento de organizaciones transnacionales alternativas. Por encima de cualquier tema "partidista" el mensaje que necesitamos es el Humanismo, aunque no siempre se logre estar a la altura del ideal y muchas veces quede como mera propaganda. Funcionarán mejor organizaciones de carácter descentralizado. Por el contrario, las estructuras grandes y masivas, ya sean sociales, políticas o religiosas, sufrirán divisiones, cismas y fragmentaciones.

LA LUNA EN SAGITARIO

La Luna representa a la población mundial que estará muy movilizada debido a que Sagitario es un signo de fuego y mutable. Las fluctuaciones, mudanzas y movimientos de las poblaciones serán en dos niveles. El primero a nivel físico, veremos grandes masas de poblaciones viajando y emigrando tanto a nivel local (es decir dentro de un mismo país, entre estados o provincias) como a nivel transnacional. En el segundo nivel encontramos los movimientos ideológicos de las poblaciones, serán muy dinámicos, cambiantes e inestables. Hallaremos una fuerte polarización entre 2 posiciones opuestas y enemigas entre los dos bloques a nivel mundial, dos partidos a nivel local, con posiciones irreconciliables y que llevan a más violencia. Pero también veremos inestabilidades y posiciones cambiantes, y las masas seducidas por una u otra idea pueden cambiar rápidamente de posición, ya que como decíamos Sagitario es un signo mutable.

La casa 7 es la casa de la Guerra y la Paz. La población civil estará muy expuesta a los conflictos bélicos, muy tristemente. Pero al mismo tiempo que las guerras y el crimen organizado amenazan a las poblaciones indefensas, por otro lado, se va gestando una mayor consciencia social y masa crítica, manifestaciones en pos de la paz y en contra de los criminales "de guante blanco" que deciden y dirigen las guerras.

Habrá una "diplomacia" para el público y otra real que se tejerá en las sombras. El Encuadramiento de todos los planetas entre Marte y Plutón desde Febrero a Noviembre marcará un año de tensiones, pero también de muchos cambios y renovación a nivel mundial.

CREAR UNA MENTE PACÍFICA

"No hay camino para la paz, la paz es el camino" decía Gandhi. La posición de Marte en el sector asociado con el dinero mundial, el poder adquisitivo, los bancos y la circulación del dinero, hacen pensar que seguirá habiendo muy fuertes movimientos económicos ligados a la industria militar (regida por Marte, el "Señor de la Guerra"). "El odio no cesa con el odio. El odio cesa con el amor". Afirmaba Buda.

A 80 años del fin de la Segunda Guerra Mundial, sería deseable que los Seres Humanos forjemos en nosotros mismos una mente pacífica, que sea incapaz de llevar adelante más guerras y destrucción de vidas. Aunque suene a "utopía" no lo es. Es posible lograr Paz en nuestros pensamientos y emociones, en nuestra esfera personal, y con el tiempo crear la "masa crítica" necesaria. Octubre puede ser un mes muy crítico para los temas bélicos y diplomáticos. Las epidemias de ansiedad y las adicciones de todo tipo ponen en evidencia la necesidad de incorporar nuevas herramientas de la Psicología. En la educación iniciativas tales como la difusión de la Psicología Budista y sus técnicas de reflexión y meditación, así como la difusión mundial de la Psicología de Jung, serán aguas refrescantes en las que abrevar en estos tiempos.

PLUTÓN DESTACADO EN ACUARIO

Plutón, planeta de la Cornucopia, en la Casa 9 y en el Signo de Acuario, indica fin de viejos dogmas religiosos o políticos, y la renovación de nuevas ideologías y creencias de carácter espiritual, esotérico y verdaderamente transformadoras a nivel de la mentalidad colectiva mundial. La filosofía profunda, la espiritualidad con un enfoque más amplio y menos confesional, seguirá ganando terreno y fuerza este año. El Parte de la Fortuna en la Casa 9 refuerza positivamente esta característica con líderes auténticos y positivos que dan una nueva educación, verdaderamente humanista a la Humanidad (aunque esto se realice de forma anónima, y aún no de forma masiva). Cambios en los programas de estudios superiores, crisis y levantamientos o motines en Universidades serán parte de los eventos asociados. Polémicas y conflictos con los temas de Inmigración también son de esperarse. La República Popular China tiene Ascendente Acuario en su Carta Astral, por lo que estará en la palestra de las decisiones mundiales, manteniendo su fuerte eje de poder.

URANO EN GÉMINIS Y ESTADOS UNIDOS

Dedicamos todo un artículo a la entrada de Urano en Géminis, algo que no sucede desde hace 84 años. Esto generará a nivel colectivo avances en temas educativos, cambios e innovaciones en las comunicaciones y en las formas de transporte de personas y mercaderías. La opinión pública mundial ya está moviéndose con esta energía hacia un gran cambio ideológico (en las antípodas de las ideologías de las últimas décadas)

Géminis es un signo importante para los EE. UU, ya que es su signo Ascendente. Los dos tránsitos más recientes de Urano en Géminis incluyen la participación de EE. UU. en la Segunda Guerra Mundial (1941 – 1945) y la Guerra Civil de EE. UU. (1861 – 1865). El tránsito de Urano por Géminis entre 1774 y 1782 incluye la Guerra de la Independencia de Estados Unidos. Esto significa que la carta natal de Estados Unidos también incluye a Urano en Géminis, bastante cerca del grado Ascendente. Considerando algunos de estos eventos pasados uno podría imaginar que el próximo tránsito de Urano en Géminis será un momento de cambio radical, de transformaciones sorpresivas y agitación en la sociedad norteamericana, pudiendo surgir divisiones, nuevas organizaciones e intensos cambios de mentalidad colectiva, un nuevo impulso en busca de recuperar posiciones perdidas y posibles divisiones. Desde su fundación Estados Unidos ha ido a la guerra cada vez que Urano estaba en Géminis, y la Guerra Civil también coincidió con Neptuno en Aries.

Será todo un desafío para los actuales dirigentes expresar esta energía en su lado positivo y creativo, a saber: renovación de la educación, reindustrialización, desarrollo de nuevas formas de energía, incentivo de la investigación científica e integración de las diferencias a nivel social: "unidad en la diversidad."

LA IMPORTANCIA DE LA UNIÓN Y LA COMUNICACIÓN REAL

Comprender estas energías en danza puede ayudarnos en la medida en que nos liberamos de las fuerzas oscuras de la masificación y nos sincronizamos con energías que tienen que ver con nuestro destino personal, evolutivo y creativo. En este sentido no estamos solos. Este año necesitamos **volver a asociarnos. Encontrar una real comunicación y unirnos con el prójimo**. "Prójimo" es "próximo", es decir el que está cerca de nosotros (no físicamente) sino psicológica y espiritualmente. Recordemos aquella parábola del Semejante:

A la pregunta de "¿quién es mi prójimo?", Jesús responde con la parábola que llamamos del buen samaritano. Un hombre recibe una tremenda golpiza, lo roban y lo dejan moribundo. Dos viajeros que normalmente se esperaría que lo ayudaran, no lo hicieron, lo dejaron abandonado y se mostraron indiferentes. Pero la parábola prosigue y dice que un extranjero, un samaritano, lo recogió, lo llevó a una posada y le pagó el tratamiento al posadero para que lo cure. ¿Quién es el prójimo entonces? Quien se vió a sí mismo reflejado en el otro, tuvo compasión, empatía, lo comprendió y lo ayudó.

Comprender el sufrimiento de los demás es el mejor regalo que podemos ofrecer a nuestro prójimo. La comprensión es otro nombre para el amor. Quien no comprende, no ama.

La siguiente cita, que pertenece a un sabio monje zen, puede orientarnos hacia la finalidad más elevada de estas energías en las que necesitamos superar la dualidad y convertirnos en personas más íntegras:

"La primera práctica del amor es conocerse a uno mismo. Cuanto más entiendas, más amarás; cuanto más ames, más entenderás".

SÍNTESIS DEL SIMBOLISMO PLANETARIO EN ASTROLOGÍA MUNDIAL:

SOL: Gobierno. Autoridad. Magistrados (Personas con autoridad).

LUNA: Pueblo. Multitud. Popular.

VENUS: Arte. Teatro. Cine. Diversiones. Jugar. Niños. Finanzas.

MARTE: Ejército. Policía. Crímenes. Accidentes. Incendios. Ingeniería. Epidemias. Agitaciones.

MERCURIO: Prensa. Correo. Magisterio. Comercio. Enseñanza. Educación.

JÚPITER: Jueces. Finanzas. Bancos. Clero. Religión.

SATURNO: Gente de edad. Propiedades. Minas. Tierras. Edificios. Instituciones tradicionales.

URANO: Aviación. Descubrimientos científicos. Energía eléctrica. Redes sociales. Internet. Sismos.

NEPTUNO: Misticismo. Movimientos religiosos. Vicios. Drogas. Fraudes. Las grandes masas de agua. Inundaciones.

PLUTÓN: Huelgas. Motín. Anarquía. Revueltas. Petróleo. Volcanes.

LAS 12 CASAS EN ASTROLOGÍA MUNDIAL:

Significado de las casas desde el punto de vista colectivo o nacional.

- **Casa 1:** La nación como un todo. Condición general del país. Su vida, habitantes, salud, condiciones generales de existencia.

- **Casa 2**: Hacienda pública, las finanzas del país, impuestos, comercio, bolsa, bancos, la moneda, rentas, negocios, todo lo concerniente a la riqueza nacional.

- **Casa 3**: Relaciones con el intercambio interno y países vecinos, comunicaciones, servicios públicos, tráfico, correo, la prensa, el transporte. Enseñanza primaria y secundaria.

- **Casa 4**: El patrimonio nacional, tierra, agricultura, cosechas, ganadería, hacienda, minería, política interior, asuntos nacionales, también todo lo que está en oposición al poder.

- **Casa 5**: La educación, el arte, los teatros, las escuelas, las universidades, la natalidad, asuntos femeninos y de niños. Cine, teatro, diversiones, niños, deportes.

- **Casa 6**: Los servicios del país, administración pública, el ejército, la policía, la salud de la nación, las clases laboriosas y humildes. Ejército, marina. Trabajo. Servicios Públicos.

- **Casa 7**: Relaciones internacionales, cultura, alianzas, tratados, guerras. Asociaciones. Comercio. Convenios. Enemigos declarados. Matrimonio, divorcios. Contratos con el extranjero. Disputas internacionales.

- **Casa 8**: Mortalidad en el país. Defunciones. Las relaciones financieras o monetarias con países financieros.

- **Casa 9**: Lo relacionado con la esfera espiritual del país, religión, filosofía, justicia, comercio y transporte exterior. Lo que está lejos, colonias. Magistratura. Tribunales.

- **Casa 10**: El gobierno constituido, el poder, sea cual sea su naturaleza. Vida social. Sociedad.

- **Casa 11**: El Parlamento, la legislación, las actividades colectivas y organización de la sociedad. El Ayuntamiento. Los amigos o aliados exteriores. Tratados con países amigos.

- **Casa 12**: Los lugares de confinamiento, hospitales, conventos, prisiones, asilos. Sociedades y servicios secretos, espionaje, acontecimientos misteriosos, crímenes o complot. Contrabando.

150° ANIVERSARIO DEL NACIMIENTO DE CARL GUSTAV JUNG 1875 - 2025

A modo de semblanza, compartimos un breve escrito del Director de la Escuela Aztlan, el Filósofo León Azulay, acerca de la importancia de la Psicología del gran maestro Carl G. Jung.

El aceptar el conocimiento de Jung implica interpretar con una disposición especial la vida. Jung es una llave para la comprensión del hombre en su totalidad y la investigación de sus características rescatando aquellas condiciones especiales en el hombre. Por eso su psicología comprende al ser humano como equilibrio dinámico entre las dos funciones que debemos timonear en esta vida que son: la Razón y la Intuición.

Occidente es la Razón y Oriente es la Intuición; pero el Individuo, la Persona, no puede ser el resultado de una parte, ni sólo la acción de otra. Jung emprendió la difícil tarea de conseguir integrar esto en el proceso que él llamó *individuación*. Inspirado en los estudios que llevan a la obtención de la obra alquímica, esto requería dar a la Razón el lugar que le corresponde, que no es el de la primacía sino el elemento armonizante con el Sentimiento, la Intuición y la Sensación. Y por esto, no sólo entendemos aceptar al hombre con sus posibilidades de evolución, sino también atender a sus necesidades "a-rracionales" (es decir, las que están más allá de los elementos conocidos por el Ego).

Jung comprendió rápidamente que el devenir histórico, y en particular el auge del positivismo, nos sumió en el culto del Racionalismo. Esto, como todo dogma, es necesariamente malo. Produce en el Individuo una partición. Lo obliga a relegar en el inconsciente cosas que le son propias para su evolución: los Mitos, las Leyendas, el Pensamiento Mágico, la Intuición, la Creatividad, los Fenómenos Super-Conscientes sumados a la correcta Razón conducen a la evolución verdadera del Ser Humano. Esto es lo que Jung llama la "Totalidad" y "la semejanza con Dios".

Jung advierte que hay un caudal energético en la Psique capaz de convertir a la persona en genio o loco, en sano o enfermo. Esta fuerza psíquica, hasta entonces sólo conocida por el Esoterismo, es la que yace en el *Inconsciente Colectivo*. El más sorprendente hallazgo para la comprensión cabal de la Naturaleza humana, que realizó Jung como beneficio para la Humanidad presente y futura. No es de extrañar que él no vaciló en apelar a cuanta fuente fuese necesaria para arribar a conclusiones de sus investigaciones psíquicas. Se valió de los siguientes elementos: textos alquímicos, estudio de rituales, leyendas milenarias, estudio de los sueños, ideas ocultistas y esotéricas, la antropología, los mecanismos mánticos como el I-Ching y la Astrología y reconoció fenómenos parapsicológicos.

Como todos los pioneros, fue una personalidad muy discutida en su época, mayormente rechazado y admirado sólo en aquellos escasos grupos donde, en concordancia con sus aspiraciones, deseaban hacer con su vida no sólo una simple existencia mecánica sino un *proceso trascendente*, para lo cual es preciso hallar la armonía que únicamente se obtiene mediante la paz interior a la que se llega cuando el proceso de individuación, que es la complementación de los opuestos, está suficientemente avanzado. Jung actuó como debe hacerlo quien se considera un hombre íntegro, renunció al éxito fácil, aceptó el difícil sendero de nuevas ideas sin sujeción a modelos antiguos, negando actitudes paternalistas. Se limitó a decir que había gente que trabajaba con él, los llamó sus amigos y sólo los obligó a ser rigurosos en sus estudios y prácticas, y a estudiar al hombre con todas sus posibilidades, para después dejarlos hacer con su propia individualidad para llegar a la Iniciación.

La siguiente descripción de Jung refleja su religiosa dedicación a su trabajo:

"Tan sólo puedo permanecer en silencio con admiración y respeto profundo, sumido en la contemplación de las alturas de la Psique, cuyo mundo mental contiene enorme abundancia de imágenes, que se han ido acumulando a través de millones de años de evolución de la Humanidad. Mi consciencia es como un ojo que capta los espacios físicos más lejanos. Pero el Self (el Sí mismo Psíquico, la conciencia Real) es aquello que colma la Psique (los arquetipos) que no se trata de pálidas sombras sin sentido, sino de condiciones psíquicas con una gran energía de potente efecto, que quizás podremos entender torcidamente, pero a las que jamás arrebataremos su poder negándolas. Tan sólo considero parangonable tal impresión, con la visión del cielo nocturno estrellado de nuestra galaxia, el espacio exterior, y al igual que alcanzo este último por medio de la visión del ojo, alcanzo el Mundo Interior mediante el Alma".

C. G. JUNG

LA GRAN CONJUNCIÓN SATURNO-NEPTUNO

"Nuestro verdadero hogar está en el momento presente.
El milagro no está en caminar sobre las aguas.
El milagro es caminar sobre la verde tierra
en el momento presente".

Thich Nhat Hanh

Cada 36 años, se produce la reunión en el cielo de estos dos grandes planetas: Saturno y Neptuno. Si bien el aspecto perfecto será en Febrero 2026, ya desde Abril 2025 estará activa la conjunción ya que ambos planetas estarán muy cerca (a menos de 2° de distancia durante varios meses). Será uno de los "leitmotiv" de este año, ya que, debido a la lentitud de los planetas implicados, la conjunción estará presente permanentemente como trasfondo energético del 2025.

FECHAS IMPORTANTES:

- Neptuno ingresa en Aries el 30 de Marzo.
- Saturno ingresa en Aries el 25 de Mayo.
- Se mantienen en orbe de conjunción hasta Diciembre 2025. Este aspecto continuará en 2026, hasta alcanzar la perfecta conjunción el 20 de Febrero de 2026.
- El Sector del Zodíaco en el que ambos planetas se encontrarán transitando este año abarca los últimos grados de Piscis y los primeros de Aries.

Si algo de especial tienen nuestros tiempos, es que en las últimas décadas se han producido una concentración de conjunciones de los grandes planetas, no comparable con otros momentos históricos. Estos planetas lentos, llamados también transpersonales, en los últimos 40 años se han ido concentrando en el último cuadrante del zodíaco. El último cuadrante está conformado por los últimos 3 signos: Capricornio, Acuario y Piscis. Un punto destacado de inicio de este proceso de cambio de Ciclo Histórico fue la entrada de Neptuno en Capricornio (en 1984) al que se sumaron luego Saturno y Urano en 1988; estos nos han hecho testigos de realidades que se derrumban para dar espacio a nuevos ciclos. Capricornio es el signo del *statu quo*, y está regido por Saturno. Por lo tanto, el ingreso de Neptuno y Saturno en Aries este año resonará con aquel ciclo anterior de 1989 cuando ambos planetas se encontraban juntos en Capricornio hace 36 años atrás.

Recordemos que, en 1989, con Saturno en conjunción con Neptuno, presenciamos la caída del Muro de Berlín, que marcó el inicio del fin de la URSS. El mundo tal como se conocía desde 1945, cuando se había dividido en 2 grandes bloques sociales, políticos y económicos, cambió estrepitosamente.

Sin ir más lejos, en 2020 la conjunción de Saturno, Plutón, Júpiter y Marte en Capricornio también marcó la pandemia y el fin de un mundo conocido.

En este "círculo de trabazón universal", que es el estudio de las fuerzas cósmicas donde el tiempo es circular y nos movemos de ciclo en ciclo, es de gran relevancia la reunión en el cielo este 2025 de dos grandes planetas como Saturno y Neptuno.

A continuación, analizaremos sus efectos globales y al final de este artículo les daremos una breve guía casa por casa según su carta natal.

Saturno y Neptuno son dos planetas con energías opuestas y complementarias al mismo tiempo:

SATURNO	NEPTUNO
El principio de la Forma, la estructura y los límites.	Difumina fronteras, busca incluir una vasta variedad de factores.
En el nivel personal representa a la forma de nuestra Personalidad física (estructura del Ego) y el lugar que ocupamos en la sociedad.	Simboliza lo Inconsciente Colectivo. Además, que en lo social representa la presión del grupo, de lo colectivo, sobre lo individual.
Punto de vista más puntual, restringido y basado en la experiencia.	Punto de vista más universal y basado en la intuición o el sentimiento.
Principio de discernimiento y lógica.	Principio de unión, mística e intuición.
Ordena procesos según la Ley Natural o Dharma.	Busca incluirlo todo. Pero puede querer hacerlo bajo el mismo denominador común.
Reduce y cristaliza, pudiendo volverse muy literal o rígido.	Amplifica, tratando de asociar ideas, personas y símbolos con conexiones que trascienden lo literal.
Impulso a corregirse y mejorarse, aprendizaje permanente y valor del esfuerzo que se retribuye. Pero negativamente, se puede volver un juez demasiado duro.	Compasión y valor del perdón como parte de un proceso de regeneración y cambio. Pero negativamente, se puede volver muy laxo, nivelando para abajo sin separar "la paja del trigo".
Desde el punto de vista de la organización social, Saturno se asocia con la Aristocracia, en el sentido griego del término que significa "gobierno del mejor". Es decir que la posición estaría dada según virtudes o méritos. Negativamente, es el "ojo por ojo y diente por diente".	En el sentido social político, Neptuno aspira al humanismo basado en la espiritualidad o en el ideal religioso. Negativamente, genera líderes mesiánicos (con complejo de "Dios") y una sociedad hipnotizada por falsos valores y fanatismos.

Puede decirse que Neptuno desenfoca lo que Saturno antes había definido. Por eso, si Saturno había levantado un rígido muro, Neptuno lo disuelve. El deseo de unir a las personas según un ideal que vaya más allá de las fronteras, clases o cultura, es todo un ideal "neptuniano". Sin embargo, las barreras saturninas no siempre son un obstáculo a superar porque Saturno ordena según principios naturales, en el tiempo y el espacio. La confusión y el desorden pueden surgir si Neptuno elimina toda barrera y unifica e iguala todas las diferencias bajo un mismo denominador común. Un ejemplo de ello sería establecer un "ideal" político o religioso para todos por igual, que anule las naturales diferencias. Lo que puede llevarlo, incluso sin desearlo, a un nuevo dogma, cuya representación más dramática se encuentra en el libro *1984* de George Orwell, donde ya no existían distinciones entre niños y adultos, ni entre hombres y mujeres; donde no había espacio para creencias religiosas diversas, ni para colores de vestimenta variados; ni siquiera se podía elegir comida real, sino únicamente enlatados procesados y químicos. En *1984* todo "alimento" es un derivado de algo: beben un sucedáneo de café y comen sucedáneo de carne o de chocolate.

A modo de analogía: si no diferenciamos entre la variedad de "sabores" de la vida, se termina por producir un guisado rancio, donde ya no se sabe qué es (*el Ser de*) cada cosa.

Son tan opuestos ambos planetas (Saturno y Neptuno), que es importante en lo personal y en lo colectivo, aprender a integrar estas energías: lo material y lo espiritual; lo consciente y lo inconsciente; la Tierra y el Agua.

Durante los 35 años que seguirán a esta conjunción, será necesario encontrar una nueva solución al desafío de combinar el principio de la forma y el discernimiento (Saturno) con el principio de universalidad y máxima inclusividad evolutiva (Neptuno).

ANTECEDENTES HISTÓRICOS ¿NUEVAS CREENCIAS QUE NOS LIBERAN O QUE NOS ATAN?

La historia nos permite comprobar la Astrología. En estudios provenientes de astrólogos continuadores de la escuela francesa, iniciada por Nostradamus y también por el gran Morin de Villefranche, se encontraron llamativos paralelismos entre: las últimas conjunciones de *Saturno y Neptuno* en los ciclos pasados y el desarrollo de la ideología del comunismo.

Podemos encontrar paralelismos muy significativos en los siguientes eventos:

♦ En 1846 fue la conjunción Saturno-Neptuno en Acuario: Publicación del Manifiesto comunista de Marx y Engels.

♦ En 1881 fue la conjunción Saturno-Neptuno en Tauro: Fundación del partido comunista ruso.

♦ En 1917 fue la conjunción Saturno-Neptuno en Leo: Revolución Soviética.

♦ En 1953 fue la conjunción Saturno-Neptuno en Libra: Fallece Stalin.

♦ En 1989 fue la conjunción de Saturno-Neptuno en Capricornio: Caída del Muro de Berlín.

♦ Podemos agregar que, entre 1988 y 1992, se produjo la conjunción Saturno-Neptuno y, además, la de Saturno-Urano, en el signo de las estructuras sociales y políticas establecidas: Capricornio. La disolución de la URSS marcó un hito histórico para toda la humanidad de Oriente y Occidente, y el inicio de una nueva etapa.

No nos interesa aquí hacer un análisis de carácter político ni tomar partido, sino simplemente mencionar eventos históricos y su conexión con este ciclo astrológico entre dos planetas de naturalezas tan disonantes. Luego de décadas de estudio, quienes confeccionamos este Anuario, podemos ver con absoluta claridad y certeza cómo los ciclos planetarios son un motor que mueve los hilos de los eventos aquí en la Tierra. No obstante, al encontrar repeticiones y paralelismos, necesitamos contar con la epistemología suficiente para reconocer: **"Qué es lo que cambia, y qué es lo que se repite"**. Sería un grave error de interpretación esperar que en este ciclo de 2025 y 2026, y en los subsiguientes, se repita lo mismo. ¿Por qué?

Una clave la dió el Astrólogo y Director de la Escuela Aztlan, León Azulay, quien nos explicara que en los anteriores ciclos mencionados desde el descubrimiento de Neptuno: 1846, 1881, 1917, 1953 y 1989; el planeta dominante era Saturno. Es por ello que el énfasis estuvo dado más por temas de carácter político, económico, centrado en el poder y la autoridad. Es decir, que el "ideal neptuniano" tenía una expresión de corte materialista. Se crearon fuertes estructuras, sostenidas con vara de hierro, que finalmente en 1989 terminaron por precipitarse.

Sin embargo, ahora en 2025, luego de 13 años (desde 2012 hasta 2025) de Neptuno pasando por Piscis (su propio signo), la mística, el interés por el más allá, la psicología profunda y la espiritualidad han tomado enormes cauces. Viejas ideologías han desaparecido o están en vías de extinción.

A diferencia de los ciclos anteriores, ya estamos en la Era de Acuario (que empezó en 1936), aunque la nueva era aún está "en pañales".

Estos dos factores combinados (el inicio de la Nueva Era, y el primer paso de Neptuno por su Signo dentro de la Era de Acuario), muestran que ahora el planeta dominante será **Neptuno (y no Saturno)**. Por tanto, no hemos de esperar el emplazamiento de estructuras sociales de carácter materialista, sino más bien un fuerte impulso a buscar un sentido trascendente y una religión interior (y no tanto un énfasis en el carácter institucional y confesional de las antiguas religiones). En el medio de ese proceso, veremos fuertes luchas y enfrentamientos entre bandos opuestos, que son resabios de los ciclos anteriores. El secreto para aquel que busque salir del eterno retorno de lo mismo, estará en la búsqueda de una tercera fuerza trascendente.

¿QUÉ HEMOS DE ESPERAR ENTONCES?

♦ La conjunción de Saturno y Neptuno que se dará en 2025 y 2026 en el signo de Aries, indica nuevos impulsos ideológicos. Al ser en el signo de Aries, promueve la disolución de estructuras de poder. Seguramente veremos caer figuras de autoridad, tanto personas como instituciones, ya que Neptuno diluye la autoridad formal y en Aries puede llegar a manifestar esto de modo eruptivo.

♦ El desafío será descubrir social e individualmente algún principio sobre el que pueda encontrarse un punto medio de equilibrio entre estas tendencias opuestas, entre lo material y lo espiritual; entre lo práctico y lo ideal; o entre extremismos como el autoritarismo y la anomia anárquica.

♦ Recordemos que en ciclos anteriores quedó en manifiesto esta dificultad para hallar puntos de encuentro y equilibrio. Un claro ejemplo fue en la conjunción de 1917, cuando inició un proceso que llevó a que el mundo quede dividido entre dos campos enfrentados y separados por una "cortina de hierro" entre ellos.

♦ Carl Jung explica que la Historia suele seguir un movimiento pendular entre extremismos. Así explica cómo después de la Edad Media, donde las ciencias se prohibieron y predominaban las creencias religiosas; se derivó luego en el racionalismo materialista, que adoró a la "diosa ciencia" y "desinfectó el cielo" de toda idea superior. Encontrar el equilibrio es lo más sutil y difícil. Si pensamos en el movimiento de un péndulo entre 2 puntos A y B; el punto O, es el de equilibrio pero es el de mayor velocidad, por tanto es más sutil de captar. Esto sucede tanto en lo personal, como en lo colectivo.

♦ En lo externo, el peligro de que la grieta entre 2 bloques mundiales opuestos aumente, está en latencia. Una cuerda sólo puede tensarse hasta un límite, luego se rompe. Lo mismo sucede en lo interior, el peligro de que aumente la escisión entre el Ego y lo Inconsciente genera una gran contradicción interior y una lucha consigo mismo enfermiza, que necesitamos superar.

♦ Aprender a ser más compasivos, cálidos, desarrollar ternura con el más débil (especialmente niños y ancianos) y al mismo tiempo, retener la fortaleza y madurez personal que nos impidan caer presos de mareas, modas sombrías y epidemias colectivas, esta será una loable meta.

♦ El dilema será como integrar estos opuestos en lo interior y exterior. Si la persona individual es capaz de superar sus contradicciones, dominando lo que Jung llama "la Sombra" (el lado instintivo bestial) estará a salvo de enzarzarse en conflictos ideológicos violentos en lo social y colectivo.

GUÍA DE LA CONJUNCIÓN SATURNO Y NEPTUNO EN LAS CASAS

Recomendamos ver en su Carta Natal, la Casa en la que esta conjunción se producirá. Recordemos que durante 2025 estarán entre los últimos grados de Piscis y los primeros grados de Aries.

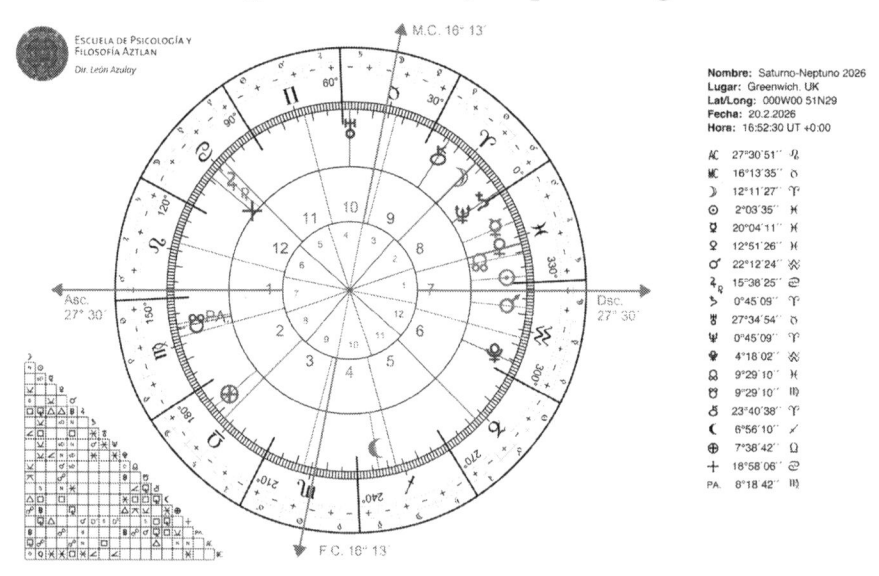

En la Carta de la imagen superior podemos apreciar la posición perfecta de Saturno y Neptuno en el grado 0°45´ de Aries.

Para los nacidos en 1953 y 1989, serán 2 años de cambios importantes, ya que en sus cartas natales tienen esta conjunción, y por lo tanto se encuentran "regidos" por este Ciclo Planetario que se produce en promedio cada 36 años.

En particular, cada persona será afectada de un modo distinto según su carta astral. Lo que es claro, es que cada uno será desafiado a integrar estas polaridades en un área de la vida según la Casa en la que le caiga esta conjunción.

¿QUÉ PROPÓSITO INDICA ESTA CONJUNCIÓN EN TRÁNSITO SEGÚN SU CARTA NATAL?

Casa 1: Si le cae en la Casa 1, necesita hallar una nueva definición de su identidad, que ya no esté basada en fantasías e ilusiones. Tampoco debe quedar fijado en una imágen rígida condicionada de sí mismo, sino que es momento de hallar su verdadera identidad y levantar nuevas estructuras que sean lo suficientemente flexibles para no quebrarse frente a los cambios futuros. Pararse sobre sus propios pies con firmeza, pero sin rigidez.

Casa 2: Nuevo ciclo en relación al uso de sus recursos materiales y a sus habilidades psicológicas. Toma de consciencia de lo que se posee, los recursos con los que cuenta, pero al mismo tiempo necesita ver con objetividad aquello que le falta. Lo ideal es hacer un uso no egoísta de sus recursos. Necesita buscar equilibrio entre lo material y lo espiritual, entendiendo que son dos aspectos complementarios de la vida humana. Poner sus recursos en función de un proyecto colectivo o de una empresa que represente algún sueño o ideal. Evite maniobras financieras arriesgadas.

Casa 3: Disuelve los modos de pensar y de comunicarse que son parte de condicionamientos pasados. Necesita generar una estructura mental más amplia, y al mismo tiempo ser selectivo en las relaciones con su medio ambiente. Buscar equilibrio entre el ser receptivo a su entorno, pero sin dejarse influenciar por vínculos disonantes que lo alejan de su propia naturaleza. Situaciones confusas con hermanos o vecinos, lo mismo respecto de escritos y trámites. Ponga los documentos en orden, y evite relacionarse con otros en base a fantasías y proyecciones.

Casa 4: Entrada en un importante nuevo ciclo, para sentar las bases psicológicas que lo provean de una mayor seguridad interior. Es un período para establecerse sobre fundamentos más amplios (filosóficos, religiosos o trascendentes; más allá de lo que le es familiar y habitual). Maduración de la personalidad. Asumir más responsabilidades en el hogar. Pide disolver complejos o temores originados en la infancia. El concepto de familia debe ampliarse, formando parte de un grupo, de una comunidad o de amistades con las que se compartan metas de vida.

Casa 5: Construir más equilibrio con relación a la búsqueda de goce y placer individual. Es posible que aquello que antes lo estimulaba o divertía ahora ya no lo haga. Disuelve relaciones basadas en un actitud egocéntrica o utilitaria. Oportunidad de concretar proyectos creativos. Aprendizajes y sacrificios en relación a los hijos, puede haber necesidad de construir una autoridad que brinde seguridad y una mejor educación a sus hijos, sin embargo, puede sentir dudas o temores de cómo llevar adelante el proceso.

Casa 6: En el ámbito laboral, disuelve estructuras anteriores de trabajo. Puede haber alguna situación confusa que necesita aclararse en relaciones laborales, con empleados o compañeros. Por otro lado, tiene un potencial para hacer sacrificios en relación con su trabajo, asumir tareas que le disgustan o cargas que otros rechazan. Necesita construir una nueva estructura de cuidados de salud mediante cambios de dieta y de hábitos. Hábitos arraigados o vicios pueden minar el bienestar, es hora de tomar cartas en el asunto e iniciar una detoxificación.

Casa 7: Este nuevo ciclo le pide una transformación de la actitud respecto a las relaciones. Deberá evitar el miedo a comprometerse, y hacer el esfuerzo de satisfacer las demandas de los otros, pero sin desdibujar su propia identidad. Sus relaciones necesitan ser llevadas a un nivel más profundo y conectado con los sentimientos. Situaciones confusas o ambiguas llegan a su fin en busca de una mayor claridad en los vínculos (especialmente con los socios, pareja y relaciones sociales).

Casa 8: Es una época de finalización de muchas pautas de vida, que se reflejará en alguna de las siguientes áreas: comercial, financiera o relacional. Las circunstancias obligan a disciplinar apegos emocionales a personas o a posesiones. Entender que la naturaleza de la vida es el cambio permanente lo ayudará a transitar este proceso con aceptación y armonía. De lo contrario, la resistencia al cambio será causa de angustia o ansiedad. Sin embargo, si construye su seguridad en una finalidad trascendente (Dios, la Mente cósmica, la chispa de consciencia en su interior o el Self del que habla Jung) será capaz de salir fortalecido.

Casa 9: Se disuelven algunas creencias, y al mismo tiempo hay una necesidad de alcanzar más seguridad ampliando sus conocimientos sobre leyes, historia, religión o filosofía. En este período lo más difícil será alcanzar una "fe con conocimiento" (lo que los antiguos gnósticos llamaban *Pistis Sophia*). Debido a la naturaleza dual de Neptuno-Saturno, los extremos a reconciliar son: por un lado, una extrema incredulidad y falta de esperanza; y por el otro lado una tendencia a aferrarse con dogmatismo a una creencia ciega. Precisará encontrar el equilibrio entre los dos opuestos sin caer en extremos. Favorece la realización de estudios que impriman una dirección vital personal.

Casa 10: Un nuevo ciclo en relación a su profesión o vocación, indicado por la disolución de antiguas metas o ambiciones. Algo que se realiza o culmina, y algo que se debe sacrificar (quizás un proyecto o idea que no cuadra con la realidad). Puede oscilar entre una enorme ambición por establecer y lograr algún tipo de éxito social, y el otro extremo de carecer de metas o de ambiciones. Necesitará encontrar el sentido personal a las metas sociales y a los roles que desempeñe en la sociedad. Si enfoca su profesión de un modo demasiado extravertido (sólo buscando el reconocimiento de lo demás) podrá transitar decepciones o frustraciones.

Casa 11: Es una etapa para lograr una estructura más inclusiva respecto al porvenir. Si usted se había imaginado el futuro de una determinada manera, ahora se estará dando cuenta de la necesidad de corregir o readaptar su forma de proyectarse. Debería hacerlo teniendo en cuenta una visión más objetiva y realista de sus posibilidades y de lo que las circunstancias le permiten. Sin embargo, compute que puede atravesar una etapa de confusión o inseguridad respecto al futuro. Se verá beneficiado por lo que logre emprender en coordinación con otros: un grupo, colegas o comunidad, y no solo de manera individualista.

Casa 12: Indica una importante fase de transición donde experimentará los resultados de sus acciones pasadas. La casa 12 fue asociada con algún tipo de retiro o aislamiento, por lo que puede encontrarse más volcado hacia el interior. Será una posición incómoda para quienes tengan una actitud más extravertida hacia la vida ya que obliga muchas veces a aminorar la marcha de proyectos y actividades, y pide más reflexión para rediseñarse y superar limitaciones. Para todos es una oportunidad para dedicarse a algún tipo de meditación reflexiva o a la psicoterapia con un enfoque trascendente. Escuchar también al cuerpo y sus manifestaciones será importante para alcanzar sanación física y mental.

NEPTUNO EN ARIES: 2025 AL 2039
NUEVO IMPULSO A LA HUMANIDAD

"La imagen de Dios, la semilla de la naturaleza divina,
no se destruye nunca en nosotros,
aunque pueda estar escondida".

Meister Eckhart

Neptuno ingresará en el Signo de Aries el 30 de Marzo de 2025. Pocos días después del inicio del nuevo año astrológico, que comienza el 20 de Marzo. Este es un evento de gran trascendencia, ya que no se produce desde el año 1861. Al ser Neptuno uno de los planetas lentos, denominados también "planetas transpersonales" (junto con Plutón y Urano) sus cambios de signo representan los cambios a nivel histórico y colectivo. Neptuno viene de un paso por el acuático Piscis, que duró desde el año 2012 hasta este momento, por tanto la entrada en el fogoso Aries modificará la polaridad energética que se venía dando. Neptuno modela los Ideales Colectivos de una época. Y debido a que los seres humanos actuamos siempre en base a nuestras creencias (sin importar que seamos conscientes de ellas, o no) la influencia de Neptuno es fundamental, ya que determinará los movimientos ideológicos a nivel colectivo. Aries es el primer signo del Zodíaco por lo que estas energías representan un nuevo inicio para toda la Humanidad.

FECHAS CLAVES:

- Ingreso en Aries el **30 de marzo de 2025.**
- Vuelve Retrógrado a Piscis el 22 de octubre de 2025.
- Segunda entrada a Aries a partir del 26 de enero de 2026.
- Salida de Aries y entrada en Tauro el 21 de mayo de 2038.
- **Último paso por Aries el 21 de octubre de 2038.**
- Ingreso definitivo a Tauro desde el **23 de marzo de 2039.**

¿QUÉ REPRESENTA NEPTUNO?

Como todo Arquetipo, Neptuno, puede operar en varios niveles: en lo personal y en lo colectivo; en su manifestación creativa o destructiva; a nivel consciente y en el plano inconsciente; en lo material y en el nivel de las ideas. Algunas definiciones nos permitirán ordenar ideas para entender procesos que se pondrán en movimiento con el paso de Neptuno por el signo de Aries.

En la Mitología Neptuno era Poseidón, Dios de los Mares y Océanos. Se representaba en el arte clásico con su tridente, emergiendo sobre las aguas. Hoy en día sabemos gracias a los exploradores marinos y oceanógrafos, que la riqueza y diversidad de la fauna y flora subacuática es riquísima y en gran medida aún inexplorada. La vida en lo profundo de los océanos, es como "otro mundo" del que aún queda mucho por conocer. Lo mismo sucede con la mente humana, conocemos sólo lo que emerge en la superficie. Sin embargo, como demostrara el Dr. Jung, por debajo se encuentran "las grandes aguas" del inconsciente colectivo.

♆ La asociación de las aguas, como símbolo del inconsciente, es bien conocida en el campo del análisis de los sueños y de los mitos. De allí que no sorprenda la relación astrológica del planeta Neptuno con lo inconsciente, como representante de esa realidad paralela y desconocida para la consciencia de vigilia. La cual se expresa permanentemente mediante nuestros sueños nocturnos y fantasías diurnas. La ciencia de la psicología usa frecuentemente el símbolo astrológico de Neptuno para representar su disciplina, aún cuando muchos no saben el origen astrológico y mitológico de este símbolo.

Particularmente Neptuno tiene analogía con lo que Jung llamara el Inconsciente Colectivo, donde están todos los modelos de desarrollo para la vida humana. De allí emana toda la vida, y allí retorna al momento de la muerte. Análogamente, se afirma en diversas teorías biológicas que la vida surge del mar. Y todos sabemos que el bebé se desarrolla en el útero materno, rodeado del líquido amniótico.

El mar es tan amplio como aparentemente inabarcable, igual que el inconsciente colectivo, el "software" (trazando una moderna analogía) de todo lo que podemos experimentar y aprender como seres humanos. A pesar de que el racionalismo, especialmente en Siglo XVIII y XIX haya vanagloriado a la "Diosa Razón", la psicología moderna ha demostrado con Freud, y de un modo más completo con el Dr. Jung, que existe una dimensión desconocida por el ego, y aparentemente irracional. Aunque en el lenguaje jungiano, lo más acertado es llamarlo "a-racional", es decir más allá de la lógica limitada del Ego.

Tanto a nivel personal, en nuestra carta natal, como a nivel colectivo, Neptuno nos invita a explorar esas "otras realidades aparte". La forma en que lo hace, no siempre es mediante una amable invitación. Puede ser más parecido a un rapto o posesión.

Neptuno fue descubierto por la astronomía moderna en 1846, cuando estaba transitando el final del signo de Acuario. Su descubrimiento marcó todo un hito, ya que representó la emergencia del Arquetipo de Neptuno a nivel colectivo. Es decir que a partir de mediados del S.XIX se activaron todos los procesos neptunianos que detallamos a continuación:

> La aparición de la Psicología Moderna.

> Los movimientos espiritistas y difusión de la metafísica de Oriente (como la filosofía yoga).

- Cambios en las creencias y surgimiento de ideologías políticas, científicas y grupos religiosos.
- En el nivel de las ciencias, el desarrollo del uso de la anestesia.
- La epidemia de adicción al opio.
- El desarrollo de la fotografía, que abre paso a la aparición del cine en las décadas posteriores, ocupando un enorme rol en la modelación de la mentalidad colectiva a través de sus imágenes.

Son sólo algunas de las manifestaciones de lo que produjo a nivel colectivo este importante descubrimiento. Aunque aclaramos que en la astrología esotérica antigua (pitagórica, griega y egipcia) ya se conocía de la existencia de 10 planetas hasta Plutón inclusive, pero no a nivel del público (estos saberes formaban parte de los Misterios Mayores, se mantenían en secreto dentro de las escuelas iniciáticas).

RESUMIMOS EL ARQUETIPO DE NEPTUNO A TRAVÉS DE ALGUNAS PALABRAS CLAVES:

- El inconsciente colectivo. Los sueños y el lenguaje mitopoético.
- El Impulso a la Trascendencia. Lo desconocido.
- Búsqueda del paraíso (en la Tierra, o más allá).
- Impulso de fusión y unión. Integración o disolución (se lo denominaba el "disolvente universal").
- Amor impersonal y universal. Compasión, entendido como el deseo de que otros seres se liberen del sufrimiento.
- Estados visionarios e intuiciones creativas.

Negativamente puede expresarse como: huida de la realidad, evasiones, confusión creciente, tendencias autodestructivas, consciencia mágica, fiebre colectiva, espejismos, alucinaciones, engaños y fraudes.

Otras analogías de Neptuno son: El agua y los mares. Los sentimientos impersonales. Amor a Dios y a la Naturaleza. Las bacterias y microorganismos. El gran arte, y la sensibilidad musical, la pintura, la fotografía y el cine. La belleza que conmueve. El caos, la niebla y lo poco claro. Las medicinas que curan, o las drogas que intoxican.

¿Y EL ARQUETIPO DE ARIES?

Aries es el Arquetipo del Pionero. Siendo el primer signo del Zodíaco representa una energía de inicios, que cual llamarada de fuego, se pone en movimiento con gran energía. El carnero es el líder del rebaño, que manifiesta valor, coraje y proactividad. Aries es el que abre paso a un nuevo nacimiento. Lo hace de un modo auto afirmativo, enérgico y a veces explosivo. Su planeta regente Marte, dios de la guerra, nos habla de su gran espíritu de lucha, y de su fuerte instinto de supervivencia. Negativamente, se expresa como violencia, agresividad, temeridad.

¿QUÉ SUCEDIÓ EN LOS ANTERIORES PASOS DE NEPTUNO POR ARIES?

Estudiar algunos eventos del pasado, nos permitirá tener una visión de aquellos eventos por venir de la mano de la entrada de Neptuno en Aries.

LA MÍSTICA EN ACCIÓN
NEPTUNO EN ARIES DE 1206 A 1219:

Entre **1206 y 1219,** Neptuno estaba en Aries, las **cruzadas** estaban en pleno apogeo, ya que habían comenzado cuando Plutón y Urano estaban en Aries (año 1095). Si bien hablamos de un proceso histórico de varios siglos, lo notable es que cuando Neptuno ingresa al marcial signo de Aries, activa una nueva etapa de estas guerras de connotaciones religiosas dentro del propio territorio europeo, específicamente en el sur de Francia. Fue a partir de 1209 que se registran las llamadas "Cruzadas Albigenses" en las que la Inquisición emprende el exterminio de los Cátaros, a quienes consideraban herejes por tener una visión cristiana gnóstica.

Una primera etapa de estas cruzadas contra los cátaros, fue a partir de 1209 y se destacó por episodios de gran violencia como el de la matanza de Béziers.

Este período también fue testigo de la fundación de varias órdenes monásticas. La **Orden de los Franciscanos** nació en Europa en el año 1209, que entre otras cosas renunciaba a todo tipo de propiedad, y proponía una vuelta a la unión con la naturaleza. También se creó la orden de los dominicos en 1216, durante la cruzada albigense.

En Oriente Medio, en el año 1207 nace Rumi, el célebre poeta, filósofo y místico, fundador de la Orden Sufí Mevlevi. Quien tuvo una gran influencia en los conceptos espirituales y su poesía trasciende las fronteras culturales, religiosas y lingüísticas.

Paralelamente en Asia se iniciaba el gran Imperio Mongol de la mano de las grandes conquistas de **Genghis Khan**, famoso por su capacidad estratégica militar. Su nombre original era Temujin, y fue ese mismo año que Neptuno entró en Aries, en 1206, proclamado como "Genghis Khan" (cuya traducción sería algo así como "Rey Océano") unificando a las distintas tribus de origen mongol, y luego extendiendo sus conquistas por gran parte de Asia e incluso Europa Oriental, fundando uno de los imperios más vastos territorialmente de la historia mundial.

Genghis Khan y el Imperio Mongol

NEPTUNO EN ARIES DE 1370 A 1383:

En este período se destaca John Wycliffe (que vivió entre 1324 y 1384). Fue un teólogo excepcional de la Universidad de Oxford que criticó los abusos y la doctrina ortodoxa, prefigurando el protestantismo. Completó la primera traducción de la Biblia al inglés en 1382, más de un siglo antes que Lutero. Sus ideas incluían críticas a la Iglesia de Inglaterra que consideraba desviada respecto de la enseñanza original de Jesucristo, además de la corrupción imperante en el poder. Expresó parte del descontento social que había en las clases bajas en Inglaterra. El mismo se manifestó en la rebelión campesina de 1381, en reclamo de reformas, derechos y el fin de la servidumbre.

NEPTUNO EN ARIES DE 1534 A 1547:

Entre 1534 y 1547, Neptuno se encontraba en Aries junto con Plutón en Acuario y justo después de Urano en Géminis. Esto es muy significativo ya que el nuevo paso de Neptuno en Aries a partir de 2025, también se acompaña de Plutón en Acuario y Urano en Géminis. Es decir que los 3 planetas transpersonales, están en los mismos signos del zodíaco. Una coincidencia significativa que potencia fuertes cambios en la mentalidad colectiva. Este fue el período en el que Enrique VIII se separó de Roma y se declaró jefe supremo de la **Iglesia de Inglaterra** en 1534. Esto llevó a la disolución de los monasterios en 1536 y a la destrucción de reliquias religiosas e iglesias, y a luchas interminables entre católicos y protestantes.

NEPTUNO EN ARIES DE 1861 A 1874:

Neptuno pasó por Aries entre 1861 y 1874 también en este período junto con Urano en Géminis, cuando la **Guerra Civil de Estados Unidos** dividió la nación en norte y sur, en una lucha con fuertes motivaciones ideológicas y políticas, entre las que se destacaba la cuestión de la abolición de la esclavitud. Recordemos que Estados Unidos en su Carta Astral, del 4 de Julio de 1776, tiene un Ascendente en Géminis, por lo que el paso de Urano, el planeta de las grandes rebeliones, revueltas y divisiones, es muy significativo aquí. Por eso también se deberá prestar especial atención a las posibles luchas intestinas y movimientos emancipatorios, radicales o separatistas en el seno del país del Norte en este nuevo período actual (2025 en adelante).

Neptuno siempre trae algún tipo de ideal, asociado a la unión y eliminación de las diferencias entre los seres humanos. La guerra civil se extendió entre 1861 y 1865. En ella se vio el discurso de Gettysburg de Abraham Lincoln en 1863, en el que se anunció que todos los hombres son creados iguales. En Estados Unidos, la esclavitud fue abolida en 1865 (año en el que tambien se crea por reacción opuesta el grupo extremista Ku Klux Klan).

En tanto que Saturno hace referencia a unos principios de organización dentro de estrechos límites. Neptuno busca establecer estructuras globales e inclusivas, disolviendo las fronteras y buscando unificar territorios. Por tanto, primero puede tener este efecto "disolvente" para luego unificar cristalizando una nueva noción de "Unidad". Entre 1861 y 1871 fue la **Unificación de Italia**.

La cruz templaria

La cruz roja

En Suiza, en 1863, se fundó la **Cruz Roja**, cuya finalidad apuntaba a atender soldados heridos en el campo de batalla. Una iniciativa compasiva, frente a las guerras cada vez más cruentas. Aunque claro está que aún más humanista sería que no hubiera guerras… La cruz roja con fondo blanco se pretende usar aquí como un símbolo de neutralidad y hospitalidad sin connotaciones religiosas. No obstante desde el punto de vista jungiano un símbolo siempre es portador de múltiples significados que están en simultáneo (y habiendo estudiado la relación de Neptuno en Aries en ciclos anteriores con guerras de carácter religioso) y recordando que la cruz roja era emblema de los guerreros templarios, constituye toda una comprobación de cómo emergen determinados símbolos en la conciencia colectiva motivados por los "mandatos" astrológicos.

Louis Pasteur, uno de los padres de la teoría de los gérmenes, observó que a altas temperaturas, la gran mayoría de los agentes bacterianos mueren. Proceso al que se le dió su nombre "pasteurización" descubierto en 1864. Desde el punto de vista astrológico es muy significativa, ya que Neptuno se asocia con las proliferaciones bacterianas.

En 1866, el científico sueco **Alfred Nobel** inventó la dinamita, aplicando la imaginación creativa neptuniana para un descubrimiento bien de tipo marcial ariano.

La primera **fotografía en color** con el método de tres colores fue obtenida en 1861 por el físico escocés James Maxwell. En 1868 aparecieron **los flip books**, esos libritos con fotos en serie que al pasar sus páginas simulan "imagen en movimiento". Aries es movimiento, Neptuno son las imágenes.

El **Ejército de Salvación** fue fundado en julio de 1865 como un movimiento activista evangélico. La palabra ejército se asocia directamente a la marcialidad ariana. La búsqueda de salvación y la ayuda ofrecida es parte intrínseca del arquetipo de Neptuno.

INGRESO DE NEPTUNO EN ARIES

Aquí compartimos la Carta Astrológica del ingreso de Neptuno a Aries, el 30 de Marzo de 2025.

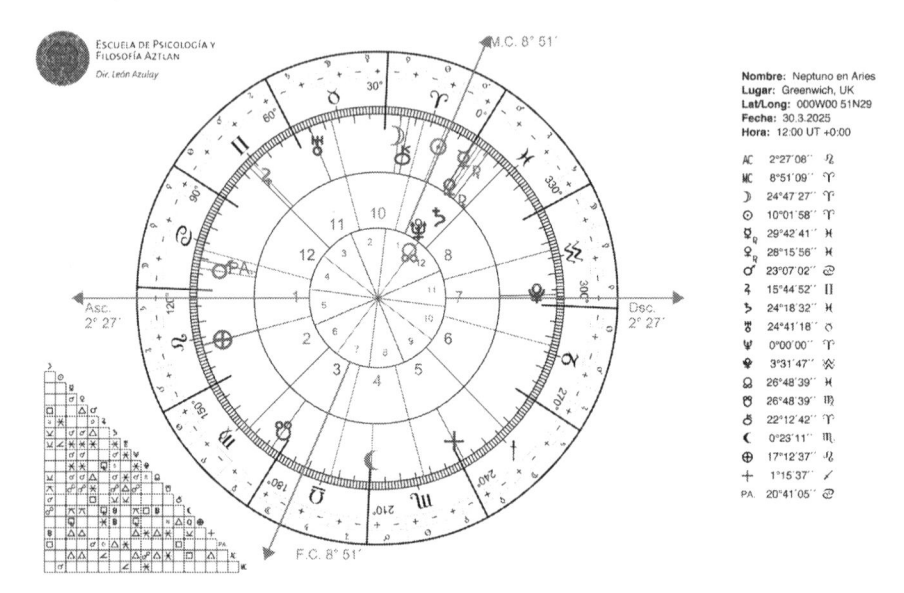

¿QUÉ PODEMOS ESPERAR DEL 2025 AL 2039?

Empieza un nuevo recorrido de Neptuno por los 12 Signos, que durará 165 años. Ya que Aries siempre indica un nuevo inicio, habrá que "volver a empezar" desde las bases, a construir nuevas realidades, desmalezando el terreno de los antiguos errores que hemos venido cometiendo. Reformular nuestras creencias, aprender a compartirlas de un modo que no sea chocante o agresivo hacia las creencias de los demás, pero al mismo tiempo es hora de reencontrarnos con nuestra propia verdad. Esta posición marca la oportunidad de salir de la confusión de la "post verdad", que sostiene que "no hay ninguna verdad", para empezar a reencontrarse con el sabor de algunas de las certezas que podemos alcanzar: soy ser humano, soy finito, estoy aquí de paso, en este hogar que es el planeta Tierra, necesito unas pocas cosas: dar y recibir afecto y conocimiento, y cubrir mis necesidades de alimentación, vivienda y vestimenta.

Existe un amplio espectro en la forma en que esta energía operará. Dependerá en gran parte de nuestra actitud frente a la Sombra personal y Colectiva. Si nos encontramos "tomados" por la Sombra (el lado instintivo animal del Ser Humano) estas energías desplegarán violencia y destrucción. Por el contrario, si hemos trabajado en el control y transformación de los instintos primitivos en nosotros, será de esperar una manifestación más positiva y creativa.

Valiéndonos de la experiencia histórica, para la cual hemos ofrecido al lector una breve síntesis en las líneas de este ensayo, podemos esperar:

- Nuevos movimientos religiosos y filosóficos.
- Iniciativas en el campo de la investigación de la psique y las neurociencias.
- Creaciones pioneras en ciencias de la salud y en la química.
- Movimientos pacifistas, reunidos por el impulso que genera tomar consciencia que el sufrimiento del otro es en realidad, de toda la humanidad.
- Movimientos místicos o religiosos activistas.
- Disolución de límites y fronteras, unificación de territorios.
- Iniciativas humanitarias de carácter global.
- Disidencias, reformas o cismas religiosos.
- Afirmación de una fe que va más allá de las estructuras confesionales (es decir más autónoma o independiente).
- Disolución de liderazgos obsoletos y pérdida de fe en los líderes mundiales. Emergencia de líderes carismáticos.
- Proyección de la creencia sobrenatural en las máquinas y la robótica (sin tener en cuenta que el que programa los robots es el mismo ser humano).

- Revueltas colectivas contra la autoridad en busca de justicia que pueden derivar en violencia. Luchas intestinas y movimientos emancipatorios o anárquicos.

- Guerras con connotaciones religiosas.

- Uso violento de la química y de procedimientos médicos muy invasivos que empiezan a ser cuestionados.

- Imágenes poderosas que movilizan a la acción por medio de redes sociales, y de nuevos desarrollos tecnológicos asociados a la robótica y la llamada "Inteligencia Artificial" (aunque nosotros preferimos decir que son Softwares que simulan la inteligencia humana…).

- Eventos explosivos o marciales en los mares y océanos.

- Enfrentamientos ideológicos violentos, de caracter dogmatico y fanático.

- Violencia asociada al consumo de las drogas.

Como ejercicio dejamos dos columnas con palabras claves que podremos combinar a modo de imaginación creativa para evaluar los años por venir de esta influencia especial.

Neptuno	Aries
Mística	Fuego
Sueños colectivos	Guerra y ejércitos
Imágenes	Velocidad
El mar y el agua del planeta	Militancia
Lo Inconsciente	Autonomía
Alucinaciones	Inicios
Disolución	Coraje
Compasión	Movimiento

Así, te invitamos a que hagas este ejercicio desplegando las asociaciones. Algunas pueden ser: "Mística en acción", "Lo Inconsciente autónomo", "El mar y las aguas con fuego", "Imágenes a velocidad", "Compasión en movimiento", "Sueños de guerra", etc.

Desde 2012, y durante estos 13 años, Neptuno en Piscis aumentó positivamente el misticismo a nivel colectivo. En el lado negativo, también crecieron los engaños colectivos y fake news, el uso masivo de drogas alucinógenas, y la proliferación de las redes sociales que se vuelven adictivas por el poder de las imágenes... El planeta Neptuno por Piscis (su propio signo del que es co-regente) generó una confusión tan grande como el mismo Sistema Solar: se dieron marchas y contramarchas en la forma de entender la salud, la alimentación y una pandemia de por medio.

Neptuno representa la presión general de una colectividad sobre los individuos que la forman. Siendo Aries un signo de carácter eminentemente individual (representante de la autonomía y de la identidad personal en acción) veremos una gran parte de la humanidad "avasallada" por la presión agresiva y muy dinámica (al modo fuego, elemento de este signo) de la moda y la propaganda de todo tipo.

Es de esperar que Neptuno en Aries, implique iniciativas poderosas, que se establecerán sobre los cimientos de las creencias y de la forma de vida que hemos llevado hasta aquí. Será una oportunidad de AFIRMAR nuestra fe, de poder crear un mundo mejor, o al menos nuestro pequeño mundo mejor (en nuestro ámbito personal). O bien, podremos luchar contra molinos de viento como Don Quijote, viviendo una realidad que ya no es; o queriendo imponer nuestras creencias a los demás como una sobrecompensación de nuestras dudas y falta de fe. La Rueda está en marcha, y dependerá de cada uno de nosotros como logremos sintonizar y canalizar esta potente energía. Seguro que no pasará desapercibida para la humanidad.

¿EN QUÉ SIGNO TIENES NEPTUNO EN TU CARTA NATAL?

Agregamos a este estudio una guía para profundizar en el significado generacional de Neptuno.

Conocer esto será importante para comprenderte a ti mismo y a tu Generación según la posición de Neptuno en tu Carta Astral.

- Nacidos entre 1929 y 1943: Neptuno en Virgo.
  Meta: Llevar el pensamiento racional a un nivel trascendente, que permita unir la ciencia y la espiritualidad. Negativamente se expresa como un conflicto entre la Razón e Intuición, que puede llevar al materialismo o escepticismo.

- Nacidos entre 1943 y 1957: Neptuno en Libra.
  Meta: Llevar los vínculos humanos y de pareja a un nivel más ideal, romántico o trascendente. Negativamente, disolución de las relaciones, falsas expectativas y fantasías que hieren los vínculos reales.

- Nacidos entre 1957 y 1970: Neptuno en Escorpio.
  Meta: Lograr unión física y emocional con los demás; indagar en causas profundas e inconscientes de las acciones humanas. Disolución de creencias que conducen al nihilismo.

- Nacidos entre 1970 y 1984: Neptuno en Sagitario.
  Meta: Aspiración a alcanzar nuevos ideales universales y globales. Negativamente: fanatismo dogmático en el área ideológica, o bien un globalismo que elimina todas las diferencias naturales.

- Nacidos entre 1984 y 1998: Neptuno en Capricornio.
  Meta: Realización y concretización de ideales, unión y complementación de lo físico y lo metafísico. Disolución de las metas y roles sociales, que se expresa como anarquía y gran confusión.

- Nacidos entre 1998 y 2012: Neptuno en Acuario.
  Meta: Alcanzar la visión de que la Humanidad es una sola, y

que el planeta Tierra es nuestro único hogar. Negativamente: Idealización de la tecnología, aumento de la masificación a gran escala.

> Nacidos entre 2012 y 2025: Neptuno en Piscis.
Meta: Reconocer la necesidad de sanar a nivel psíquico y físico, lo que lleva a abrirse a nuevos conocimientos de la psicología humana. Negativamente: Falsos profetas, engaños e irrupción del inconsciente con el uso de drogas.

> Nacidos entre 2025 y 2038: Neptuno en Aries.
Meta: Ser pioneros en nuevas concepciones religiosas y conocimientos psicológicos. Pueden sentirse portadores de algún tipo de misión personal o colectiva. Pueden identificarse con un tipo de fuerte Ideal en acción. Negativamente: Propicia fuerte vehemencia en sus creencias que puede llevar a la lucha violenta en campos políticos o religiosos. Más abajo veremos ejemplos de personajes con esta posición de Neptuno.

NACIDOS CON NEPTUNO EN ARIES:

Los siguientes ejemplos sirven a modo de comprobación de cómo operó la energía de Neptuno en Aries en la Carta Astral de distintos personajes históricos. Entre ellos encontramos líderes carismáticos, conductores de guerras o revoluciones violentas.

Pioneros movidos por el ideal Neptuniano de abrir camino en el campo de las ciencias (en el caso de Henry Ford justamente símbolo de la industria automotriz, regida por Marte y Aries). Líderes pacifistas como Gandhi, que no obstante no usaron la violencia, movilizaron a todo un país.

Filósofos místicos representantes de la conexión de Oriente con Occidente como Vivekananda y Alexandra David-Néel (desde el punto de vista simbólico, el Oriente está representado por Aries en el zodíaco fijo, y Neptuno es la espiritualidad).

Músicos representantes del Romanticismo (idealismo en el nivel de sentimientos y valores elevados, representados por Neptuno) como Claude Debussy y Rachmaninoff (considerado como uno de los últimos grandes románticos).

- **Rumi,** Poeta y místico musulmán.
- **Mahatma Gandhi,** Pensador y activista indio.
- **Winston Churchill,** Ex Primer ministro del Reino Unido.
- **Vladimir Lenin,** Líder e ideólogo de la Revolución Rusa.
- **Marie Curie,** Física y química polaca.
- **Grigori Rasputin,** Místico ruso.
- **Swami Vivekananda,** Pensador y místico indio.
- **Henry Ford,** Empresario y emprendedor estadounidense.
- **Alexandra David-Néel,** Orientalista y escritora francesa.
- **Sergei Rachmaninoff,** Compositor y pianista ruso.
- **Claude Debussy,** Compositor francés.

RÁFAGAS DE CAMBIO:
URANO EN GÉMINIS DEL 2025 AL 2033

> "La ciencia hermética (...) requiere que sus aspirantes, aprendan a pensar más con el cerebro propio, y menos con el ajeno".
>
> *Fulcanelli*

Urano tiene un ciclo de casi 84 años, tiempo en el cual transita durante 7 años cada uno de los 12 Signos zodiacales. Este planeta tiene una naturaleza eléctrica, veloz e inesperada. Estos últimos 7 años transitó el signo de Tauro, donde "Uranizó la Tierra". Movilizó veloces cambios de la mano del uso masivo de las tecnologías, de redes sociales y de actividades virtuales de toda índole. Para los taurinos, fueron años de cambios disruptivos y de inestabilidad, pero también de posibilidades para la apertura a nuevas ideas y de liberación de viejos hábitos anquilosados. Este año, Urano deja Tauro para ingresar en Géminis, signo de Aire y Mercurial, donde Urano se manifestará en el campo de las ideas, de la comunicación, de la educación y de las relaciones humanas. Se quedará 4 meses en este signo, dando un pequeño adelanto de su influencia, y volverá a Tauro en Noviembre 2025 para finalmente hacer su ingreso definitivo en Géminis en el 2026.

FECHAS CLAVE:

- **7 de Julio de 2025:** Ingresa en Géminis. Avanza hasta 1°28' del signo.
- **6 de Septiembre de 2025:** Inicia su fase de Retrogradación.
- **8 de Noviembre de 2025:** Entra nuevamente en Tauro, donde se quedará hasta 2026.
- **26 de Abril de 2026:** Ingreso definitivo de Urano a Géminis. Se quedará hasta el 2033 (cuando ingrese definitivamente en Cáncer).

PALABRAS CLAVES SOBRE URANO:

En el Sentido Creativo	En el Sentido Involutivo
Abre a lo nuevo	Quiebra estructuras
Despierta	Produce un shock
Representa al Genio inventivo	Encarna acciones antinaturales
Libertad	Libertinaje
Velocidad para ofrecer soluciones	Aceleramiento enfermizo, ansiedad
Es la intuición que guía	Aumenta la desorientación
Es el rebelde con causa	Es el rebelde sin causa
Un pionero en las ciencias al servicio del humanismo	Invenciones que perjudican o destruyen
Ideales Humanistas	Incapaz de asociarse con otros seres. El complejo del "incomprendido"

¿CÓMO ENTENDER MEJOR ESTE ARQUETIPO DEL PLANETA URANO?

Urano es el primer planeta más allá de la órbita de Saturno (planeta del Orden, que marca el límite entre lo conocido y lo desconocido). Urano "rompe" con un orden establecido para dar paso a las energías de los últimos 3 planetas del sistema, que cual "embajadores de la galaxia", traen los vientos de cambio y transformación desde el espacio exterior. Es decir que Urano representa el paso a una nueva dimensión, ya no personal, sino de orden transpersonal. Hay un salto, o una entrada en otro nivel. Desde la Psicología de Jung, Urano, Neptuno y Plutón, son los 3 planetas que representan el Inconsciente Colectivo. Es decir que ya no estamos en la esfera personal de Ego, sino en un nivel más profundo de la mente, que es colectiva, y que es igual en todos los seres humanos. Podemos decir que "Urano abre la puerta a la esfera transpersonal del Ser".

A nivel psicológico, estas "discontinuidades", donde aparece un nuevo elemento, que se sale de lo lineal, nos vienen desde el inconsciente. Saturno es llamado el "Señor del Umbral", y Urano trae nuevas informaciones, reacciones o tensiones que trastornan la rutina del Ego, y lo despiertan con geniales ideas e invenciones (caso de los inventores y futuristas); o por el contrario, lo inquietan con desagradables tensiones nerviosas y reacciones inesperadas (cuando el inconsciente expresa su "disconformidad" con la conducta del ego).

Urano rige la Astrología, y todos los sistemas de energía en general: energía eléctrica, energía del Sistema Nervioso, energía astrológica... Podemos ver que está en la naturaleza misma de la energía, este movimiento "disruptivo", propio de la naturaleza uraniana. La física moderna ha revelado que la energía no se mueve en forma lineal, sino que se mueve en "quantas" o "paquetes de energía". George I. Gurdjieff explica lo mismo al afirmar en su sistema del Cuarto Camino que la energía se mueve en "octavas", y tal como sucede en la escala musical, hay semi-tonos faltantes entre MI y FA y entre SI y DO; es decir, una "discontinuidad" natural en el seno de esa estructura. Estar abiertos a los cambios que Urano propone significa aceptar los "imponderables", que en realidad ya están incluidos como posibilidad dentro de este "todo complejo" que llamamos vida.

EL SIGNO DE GÉMINIS

* Es un Signo Mutable: Al igual que Virgo, Sagitario y Piscis, lo que significa que la naturaleza de su energía es el movimiento ondulatorio, siendo adaptable y flexible. Estos signos, se caracterizan por la necesidad de aprender, la curiosidad y la volatilidad e inestabilidad.

* Elemento Aire: Géminis es uno de los 3 Signos del Elemento Aire (junto a Libra y Acuario). El Elemento Aire se asocia con lo Mental (el mundo de las ideas) y con lo Social. La comunicación es posible gracias a que las palabras se propagan en el elemento Aire, no hay sonido en el vacío.

* Signo Dual: Géminis es uno de los signos que tiene una naturaleza dual. Esto se ve reflejado en su símbolo: los dos Gemelos. Representan las dualidades opuestas y complementarias. Puede resultar en una gran adaptabilidad a los cambios, con nuevas ideas en constante avance y una apertura hacia distintos puntos de vista. O bien, puede mostrar acciones contradictorias y desintegradoras. Es el arquetipo de los hermanos unidos, aunque diferentes entre sí, como Cástor y Pólux. Uno era mortal y el otro inmortal; a pesar de sus diferencias, se complementaban y compartieron caminos y aventuras. Pero en el sentido sombrío del arquetipo es como el relato de Caín y Abel, donde primó la incomprensión, el enfrentamiento y la desunión que los llevaron a la desintegración.

URANO EN GÉMINIS EN LA HISTORIA

Conocer cómo funcionó Urano en Géminis en los ciclos anteriores nos permitirá vislumbrar las posibilidades presentes y futuras. Si bien "la historia se repite", nunca lo hace de manera idéntica, aunque las similitudes y repeticiones en el Eterno Retorno, como vislumbró Nietszche, pueden erizar la piel del más incrédulo.

* **De 1774 hasta 1781:** Urano estaba en Géminis además de Plutón que transitaba Acuario (¡igual que ahora!). Vemos los primeros desarrollos de la Revolución Industrial. Aumentos de los viajes, del comercio internacional, de las formas de producción y de los medios de transporte. Estados Unidos declaró su independencia de Gran Bretaña en 1776.

* **De 1858 hasta 1865:** En esta época también se encontraba Neptuno en Aries. La Guerra Civil estadounidense duró desde 1861 hasta 1865. Citando un fragmento del evangelio (Marcos 3: 24-29) Abraham Lincoln en 1858, dijo en un discurso: "Una casa dividida contra sí misma no puede perdurar". La cita exacta del evangelio es: "Si un reino se divide contra sí mismo, no puede permanecer. Si una casa se divide contra sí misma, tampoco puede permanecer". Una contundente sabiduría, aplicable también en los tiempos actuales. En 1859 ocurrió el 'Evento Carrington', un fenómeno que podríamos calificar como 'uraniano' por su carácter inesperado y disruptivo, directamente relacionado con las energías que recibimos del sistema solar. Fue una enorme tormenta geomagnética que afectó a la Tierra: una intensa llamarada solar que derritió cables, dejó sin comunicaciones y asestó un duro golpe al incipiente sistema de telégrafos.

Desde el punto de vista de las innovaciones tecnológicas, la más significativa que hubo en este período es la del Telégrafo Transcontinental, que revolucionó (Urano) la comunicación (Géminis). El 24 de octubre de 1861, se terminó de instalar la primera línea transcontinental del telégrafo a través de los Estados Unidos haciendo que fuera posible la comunicación en tiempo real de punta a punta del país por primera vez en la historia.

Se creó el Método de Impresión Rotativa, que se practicaba desde mediados del S. XIX en hojas sueltas. Un tema bien Geminiano ya que involucra la escritura y los medios de comunicación. Fue en 1863, que William Bullock introdujo la alimentación del papel mediante el uso de bobinas. En este caso, las imágenes que se iban a imprimir estaban curvadas alrededor de cilindros giratorios. Por tanto, ya no había una superficie plana que ejerciera presión para la impresión: ahora, el papel pasaba a través de un cilindro que ejercía una presión mucho más potente. Gracias a la mecanización del proceso y a la introducción de las bobinas, la máquina rotativa imprimía hasta ocho mil copias por hora. Por ello, podemos definirla como la primera máquina tipográfica para grandes tiradas.

✳ **De 1942 a 1949:** Este paso de Urano por Géminis, coincidió con parte de la trágica Segunda Guerra Mundial. En ella se desarrollaron nuevas tecnologías, lamentablemente asociadas con el uso del "crimen de la guerra" (término que usara Juan Bautista Alberdi). El 2 de Diciembre de 1942, en la Universidad de Chicago, se produjo por primera vez la fisión del Uranio, elemento que corresponde a Urano (¿acaso no es un evidente sincronismo?). Se toma como el verdadero comienzo de la Era Atómica, ya que se dió origen a la reacción nuclear en cadena. Luego en 1945, se usaron sobre la población civil de Hiroshima y Nagasaki.

Otras invenciones relacionadas fueron:

- La primera computadora digital electrónica, llamada 'ENIAC', apareció en 1946. Fue ideada con el propósito de resolver problemas de balística para el ejército de Estados Unidos.

- El primer avión comercial a reacción del mundo, el británico De Havilland Comet, realizó su primer vuelo de prueba en Inglaterra en 1949.

- Invención del Transistor (1948). Los transistores son los componentes activos clave en prácticamente toda la electrónica moderna, muchas personas los consideran una de las mayores invenciones del siglo XX.

- Primera grabación de discos Long-play (1948). Este tipo de disco fue la principal forma de publicar música grabada desde 1950 hasta 1980, pero perdió protagonismo con la llegada de los casetes y, más tarde, de los CD.

Todos estos inventos tienen características Mercuriales (es decir asociadas con Géminis) ya que promueven velocidad o fidelidad a la circulación de información, comunicación y transportes. En el sentido negativo, hemos visto como la velocidad y el desarrollo de las ciencias se usó para la creación de armas de destrucción masiva.

En un sentido más positivo, los *Rollos del Mar Muerto* fueron encontrados en las cuevas de Qumrán en 1947, lo que abrió la puerta a la investigación sobre los Evangelios Gnósticos. Por otro lado, el deseo de libertad también recibió un impulso y en 1942 Gandhi exigió la independencia de la India de Gran Bretaña.

2025-2032: ¿QUÉ HEMOS DE ESPERAR?

Cuando Urano entre en el signo mutable Géminis, estará más cómodo que en el signo fijo y terrenal de Tauro. Podemos esperar cambios rápidos y disrupciones en la forma en que la sociedad piensa y se comunica. En los viajes y transportes, es de esperar muchos desplazamientos de personas a lo largo y ancho del mundo. Los movimientos migratorios estarán motivados por diversas causas. La proliferación del trabajo en línea (conocido hoy como 'nómada digital'), así como las guerras y los conflictos sociales y políticos, impulsarán a grandes masas de población en busca de un futuro mejor. Será importante en cada caso, analizar con conocimiento de causa cuál es el destino más conveniente, ya que habrá mucha confusión y no en todos los casos será recomendable desplazarse. Además cada país tiene su característica astrológica y hay distintos grados de compatibilidad e incompatibilidad, un pormenorizado estudio astrológico individual puede ayudar a dilucidar estas decisiones.

Teniendo en cuenta los mencionados antecedentes históricos, son de esperar algunas de las siguientes manifestaciones:

* Innovaciones en las formas de transporte de personas y mercaderías en el mundo.

* Nuevos medios de comunicación que adquieren difusión. Mucha división en los medios de comunicación, entre 2 bandos opuestos, y cada uno refleja su visión particular. Por lo que es posible que los puntos de vista sean muy sesgados para el que busca informaciones objetivas.

* Reformas en las áreas de educación y de los medios de comunicación globales. Ideas tales como "la universidad libre" o "reformas universitarias" pueden estar en danza. Movimientos estudiantiles de protesta.

* Luchas intestinas, divisiones entre hermanos por diferencias en la manera de pensar (aplicable a naciones y familias). Una mente excéntrica, poco práctica, con "ideas peregrinas".

* Aceleración de los procesos de 'descentralización' del poder en un mundo multipolar, junto a numerosas inestabilidades.

* La mayoría de estos cambios probablemente no funcionarán como se había planeado y podrían producirse fallos y retrocesos inesperados.

* Fallas en la red y condiciones climáticas extremas. Otra erupción solar como *el Evento Carrington de 1859* es posible y tendría un efecto devastador en nuestras redes eléctricas.

* El "arte" de la tontería y la distracción alcanzará nuevas alturas (es decir, abismos), y la verdad y las mentiras se polarizan y radicalizarán aún más.

* Cambios en las divisas mundiales, el dólar ya no estará en el "trono" y es de esperar una acentuación de este mundo multipolar. La forma de realizar compras, transacciones comerciales y transporte de bienes también sufrirá grandes cambios e innovaciones.

* Como decíamos, Géminis es un signo dual, así que el planeta Urano aquí, llevará a los opuestos a posiciones más polarizadas.

En el sentido más positivo y creativo, los niños que nazcan estos años, entre 2025 y 2033 (con Urano en Géminis), pueden representar una generación brillante, original e inventiva, que encarne nuevas formas de pensar en las próximas décadas.

Para todos los seres humanos habitantes de esta "querida, única y contaminada nave espacial a la que llamamos Planeta Tierra", será una oportunidad para demostrar que la inteligencia, las ideas positivas y el conocimiento con fines humanistas, tiene más poder que la fuerza física y que la brutalidad de las guerras y enfrentamientos humanos. La llamada "Inteligencia Artificial", tan promocionada estos días, será usada para promover la falsedad, la hipocresía y la falta de comunicación real entre las personas. En realidad, estos programas "inteligentes", han sido programados por mentes humanas, y por ende sólo expresan el nivel de asociaciones y saberes disponibles en lo que Jung llamara "el espíritu de la época" o la "conciencia colectiva". Por eso, son como "loros repetidores" de palabras y datos, que pueden estar muy bien presentados, organizados y tener su lado útil, pero sin embargo no expresan ninguna conciencia individual, ni capacidad reflexiva, ni mucho menos sensibilidad ética en sus expresiones de datos.

Urano sólo puede traer una clara visión del mundo a aquel que tenga una fuerte y continua capacidad de pensar con lógica y significado (regido por el planeta Mercurio). Es decir que, en lo individual, si queremos ser partícipes del lado luminoso y positivo de estos cambios uranianos, necesitamos estar funcionando bien con nuestro Mercurio. Saber reconocer el signo, la casa y los aspectos del Mercurio natal, así como sus fortalezas y debilidades, será importante. Pero también, darnos cuenta de que "necesitamos pensar con el propio cerebro, y no con el ajeno" como decía Fulcanelli. Para lograr liberar nuestra mente de las cadenas de las asociaciones erróneas, precisamos adquirir una visión correcta que nos permita pensar por nosotros mismos (y no ser víctimas del pensamiento único…). Para los antiguos alquimistas medievales, el Mercurio era un elemento principal, así como el planeta asociado, que representa la capacidad del Ser Humano para reflexionar.

Quedará más expuesto lo bueno y lo malo del uso de las invenciones tecnológicas, lo que es una oportunidad para poner énfasis en el desarrollo de la "tecnología interior", es decir, desarrollar el potencial de la inteligencia, sentimiento e intuición del Ser Humano. La inteligencia guiada por un corazón cálido y compasivo es, en definitiva, la mejor herramienta para ayudarnos unos a otros en la "Escuela de la Vida".

JÚPITER-SATURNO: CRISIS Y DESARROLLO, EN LO SOCIAL Y ECONÓMICO

> Le preguntaron a Gandhi
> "¿Qué opina usted de la Civilización Occidental?".
> A lo que él respondió:
> "Bueno, sería una excelente idea".

Los ciclos de expansión (Júpiter) y retracción (Saturno), tanto a nivel colectivo como personal, están indicados por la relación Júpiter-Saturno. Este 2025, Júpiter y Saturno tendrán 2 momentos claves: el primero indica retracción; el segundo, oportunidad de desarrollo y concreción. Desde mediados de Mayo y durante todo el mes de Junio de 2025, se formará una tensa cuadratura estando Júpiter posicionado en el inicio de Cáncer y Saturno en el inicio de Aries. Será un momento para atravesar obstáculos, corregir errores de planificación, volverse más austeros y sobre todo realistas.

Pero Júpiter seguirá avanzando por Cáncer, y en el mes de Octubre formará un fluido trígono con Saturno (ubicado en el final de Piscis), que podrá ayudar a concretar y desarrollar proyectos, si hemos superado las barreras de los meses anteriores. Para quienes reciban buena disposición en su carta natal, puede ser un período de "vacas gordas".

Vale recordar que estamos usando la imagen del sueño que José interpreta al Faraón, en el relato del Antiguo Testamento, donde aparecían vacas flacas, que representaban un período de escasez y austeridad, y vacas gordas que representaban bienestar y crecimiento. El sueño correctamente interpretado, le sirvió al gobernante para prevenir y planificar el uso de recursos del reino. Las ayudas pueden venir desde el inconsciente, como explica Jung, o a través de la interpretación de las sincronicidades. La Astrología, y conocer este ciclo anual, puede servir de guía y orientación para conocer las energías de expansión y retracción en este 2025.

¿Qué relevancia tienen estas configuraciones? ¿Cuáles serán sus efectos? ¿Qué relación tiene con el Ciclo iniciado en el 2020? Veremos estos temas a lo largo de este breve ensayo.

FECHAS CLAVES:

- **En Agosto 2024:** se produjo la Cuadratura de Júpiter y Saturno en el grado 17° de Géminis y Piscis respectivamente. Hubo un cimbronazo en los mercados mundiales. En los primeros días de Agosto, se registraron caídas masivas históricas de los mercados bursátiles y una fuerte baja de la cotización de las criptomonedas.

- **En Diciembre 2024 hasta mediados de Enero 2025:** Se vuelve a producir la cuadratura exacta de Júpiter-Saturno. El aspecto exacto de la cuadratura es el 24 de Diciembre de 2024, en los grados 14° de Géminis y Piscis. El aspecto ya estaba activo desde inicios de Diciembre 2024, y se extenderá durante todo Enero 2025.

- **Desde Mitad de Mayo y durante Junio 2025:** El 15 de Junio se producirá por tercera y última vez este aspecto de tensión entre Júpiter y Saturno. La particularidad es que Júpiter estará en 1° de Cáncer y Saturno en 1° de Aries. Saturno hará una breve entrada en Aries desde el 26 de Mayo hasta el 1° de Septiembre del 2025 (cuando retrograde a Piscis nuevamente). El aspecto de la cuadratura de Júpiter Saturno estará operativo todo el mes de Junio.

- **Desde mediados de Octubre hasta el 15 de Diciembre:** A partir del 15 de Octubre y durante 2 meses, se forma un armonioso aspecto entre Júpiter y Saturno. Oportunidades de expansión y crecimiento.

En Mayo y Junio 2025, se espera un período difícil para asuntos financieros que pueden verse demorados o disminuidos. Se recomienda actuar con paciencia y planificación. Pueden frustrarse sus ambiciones. Recuerde que, si hay demoras o resistencias, se debe a que aún "la fruta no está madura". No se debe forzar el proceso, pero sí acompañarlo. Puede trabajar más duro, con menos beneficios, pero tenga presente que está sembrando una semilla que podría empezar a dar sus frutos a partir de Octubre en adelante, cuando estos dos planetas formen el trígono. Actúe con responsabilidad respecto de sus deberes, de lo contrario si pospone o se evade, las cargas futuras serán mayores. Cuídese especialmente en la alimentación, evitando grasas, azúcares y carbohidratos refinados en exceso, ya que el hígado puede volverse más perezoso.

Citando al astrólogo inglés Charles Carter: "Estos aspectos inclinan a la melancolía y desazón (...) se está insatisfecho en su fuero íntimo, o si logra el contento interior es mediante una considerable abnegación". En la tradición astrológica estos aspectos se asociaron también con posibilidad de problemas legales por acciones deshonestas e impedimentos a la expansión. Si bien es un aspecto que durará sólo unos 45 días (desde mitad de Mayo hasta los primeros días de Julio), será de gran ayuda tenerlo presente de antemano para planificar nuestro año.

UN GIRO DEL CAMBIO QUE COMENZÓ EN 2020

- Este año (con un breve anticipo en 2024) es la primera vez desde 2020 que Júpiter y Saturno forman un aspecto mayor. En el año 2020, se produjo una gran conjunción entre Júpiter y Saturno.

- Fue uno de los importantes fenómenos astrológicos que

marcaron el dramático año 2020, en el que se experimentó en mayor o menor grado la sensación de "un fin de época".

- La última vez que se produjo la unión de estos 2 planetas en el zodíaco, fue el 21 de Diciembre de 2020. Este importante evento astrológico, no sucedía desde el año 2000. Los dos "gigantes" astrológicos, Júpiter y Saturno, se alinearon en el primer grado del signo de Acuario (signo de la Era que estamos comenzando).

- Esta conjunción se produce cada 20 años, es decir pocas veces en la vida y marca grandes cambios en lo referente a lo social y colectivo. Se la llama ciclo de "Cronocratores", que significa "marcadores del tiempo". Es decir que "marcan un tiempo", imprimiendo un sello energético, durante el ciclo completo de 20 años (pero que también se inscribe dentro de un gran ciclo de 960 años, tema que no abordaremos en este artículo por su gran extensión).

- Este ciclo ha sido muy estudiado por grandes astrólogos de todos los tiempos, entre ellos: Kepler, Nostradamus, Albumasar, Pierre d'Ailly, por mencionar algunos. Estudios de Kepler, demuestran que la llamada "Estrella de Belén" fue una especial configuración astrológica que incluía la conjunción Júpiter-Saturno. Jung en su libro "Aion", sobre este aspecto dice: "representa la unión de los opuestos extremos". Júpiter es expansión y Saturno es retracción. Es decir, son complementarios.

- Antiguamente, las órbitas más largas conocidas oficialmente dentro del Sistema Solar eran las de Júpiter (12 años) y la de Saturno (28 años). De esta manera, los momentos en que Júpiter alcanzaba a Saturno marcaban el máximo ciclo planetario.

En el gráfico podemos ver a Júpiter ingresando en Cáncer, y formando la cuadratura con Saturno en Aries.

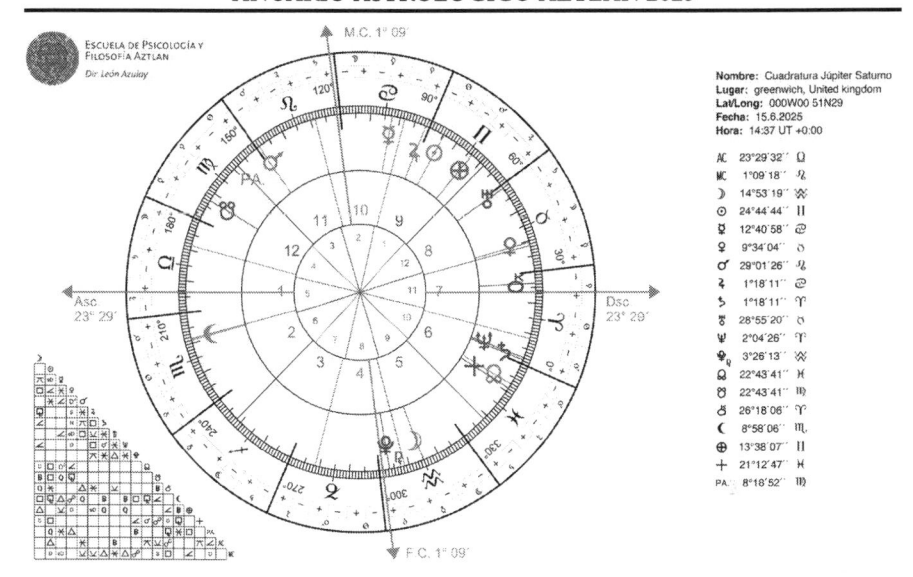

Carta de la Cuadratura entre de Júpiter en Cáncer y Saturno en Aries

Aquí vemos la Carta Astrológica del aspecto exacto de Júpiter-Saturno (aunque como dijimos ya estará operativo desde mediados de Mayo, cuando entre en orbe de aplicación). En esta configuración especial, Saturno estará en conjunción con Neptuno, algo que sucede cada 35 años. La serie de aspectos es **notable**: si tomamos a Saturno y Neptuno como punto de partida veremos que forma sextil con Plutón, y al otro lado sextil con Urano, cuadratura con Júpiter y Quincunce con Marte. Esto significa que habrá una **gran intensidad de energía en movimiento**.

PROFUNDIZANDO EN EL SIGNIFICADO DE JÚPITER Y SATURNO

Antes de continuar el análisis de las previsiones, precisamos profundizar en el significado de Júpiter y Saturno, de ese modo podremos comprender mejor sus efectos. Júpiter y Saturno se consideran factores del nivel colectivo y social. Ligados a las estructuras de poder, las leyes y la forma de vida social en general.

Hoy en día cuando vemos una carta natal, también buceando en las posiciones de Júpiter y Saturno, podemos ver cómo esa persona interactúa con la sociedad, a través de su rol social y su profesión o modo de participación en la comunidad. En definitiva, cómo expande sus motivaciones (Júpiter) y de qué modo les da forma y las concretiza (Saturno).

Un dato interesante a tener en cuenta es que estos dos planetas gobiernan los últimos cuatro signos del zodíaco, de Sagitario a Piscis, por lo que ambos están asociados con el colectivo de la humanidad y las leyes que gobiernan la sociedad.

- Júpiter es Regente de Sagitario (Noveno signo). Asociado a la Casa 9, de los ideales políticos y religiosos; de los estudios superiores y de las aspiraciones.

- Saturno es Regente de Capricornio (Décimo Signo). Asociado a la Casa 10, de metas y ambiciones concretas, la profesión y el lugar que aspiramos ocupar en la sociedad.

- Saturno es Regente de Acuario (Onceavo Signo) y su co-regente es Urano. Asociado a la Casa 11, indica el tipo de relaciones sociales y grupales que establecemos, la relación con colegas, las esperanzas respecto de proyectos futuros.

- Júpiter es Regente de Piscis (Doceavo Signo) y su co-regente es Neptuno. Asociado con la Casa 12, que indica una síntesis de la experiencia realizada en las casas anteriores. Aquí se produce el encuentro con uno mismo, se experimenta lo que ha quedado en nosotros como experiencia vivida, sean estas experiencias "exitosas" o bien frustraciones.
  La identidad y también el destino social son moldeados por los valores culturales, económicos, políticos y religiosos de nuestro ambiente. Para entender cómo un individuo reacciona a estas influencias, un astrólogo deberá primero observar a los planetas Júpiter y Saturno.

- Saturno indica cómo la persona debe contemplar su lugar dentro de la familia, la comunidad y el país. Saturno describe a dónde pertenece la persona, cómo se establece y alcanza seguridad.

- Júpiter muestra cómo aquella participará en esa familia, comunidad o país. Júpiter muestra los sentimientos de participación social y aspiración devocional que la persona tiene hacia la gente con la que debe vivir.

En ese intercambio entre lo social y lo individual, deberemos encontrar nuestro punto de equilibrio. Si lo social avasalla al individuo, nos encontramos con manadas humanas, masificadas donde no hay lugar para el pensamiento libre, ni para que el individuo pueda seguir su vocación natural (especialmente cuando ella va en contra de los condicionantes sociales o familiares). Por el lado opuesto, el énfasis excesivo en el individuo, cercena los lazos naturales que lo conectan sanamente con su entorno, su familia y comunidad. Se vuelve individualista, prevalece "el todos contra todos", "el exitismo", y la teoría de que "el fin justifica los medios". La consciencia social, donde el individuo participa activamente sin anular su individualidad, será un ideal a alcanzar en la nueva era de Acuario. Nueva era, dicho sea de paso, que va dando sus pequeños brotes, paralelamente a que viejas instituciones y caducas ideologías se desmoronan bajo nuestros pies.

MAYO Y JUNIO 2025 Y LA CUADRATURA CRECIENTE ¿CÓMO PREPARARSE?

- Este aspecto, que ya se produjo en 2024 (con Júpiter transitando Géminis y Saturno en Piscis), volverá a repetirse en 2025.

- Marca una "crisis" respecto de la relación Júpiter-Saturno, que describimos anteriormente. Los proyectos iniciados 4 años atrás pueden encontrar obstáculos y demoras. Tendencias recesivas. Puede haber caída de bolsas, y de la cotización de criptomonedas.

- No hay que entrar en pánico. Frecuentemente este tipo de aspecto pasajero, puede funcionar controladamente, si nos encontramos "con los pies sobre la tierra firme". Como en la fábula de "La Hormiga y la Cigarra", donde mientras la cigarra despilfarraba recursos durante el verano, la hormiga previsora se preparaba para el invierno. Sin embargo , dependiendo de nuestra carta natal, este aspecto puede limitar las posibilidades de expansión.

- Será un momento para revisar sus metas y buscar oportunidades para crecer y aprender. Preste atención a dónde encuentra significado y propósito social, es posible que se sienta algo frustrado o desmotivado debido a obstáculos. Una vez revisada las metas, es momento de seguir trabajando con "paciencia activa", no se desmoraliza, si se hacen las cosas con honestidad, se van destrabando los proyectos en la medida en que el aspecto se "desarma" (lo que ocurrirá a partir de Julio 2025).

- Es saludable preguntarse cómo contribuye a su entorno (su familia, amistades, relaciones laborales) y cómo se conecta con los demás de una manera productiva.

- Es un desafío entender la implicación social de la saturación de sobreconsumo de imágenes y objetos. Con esta errada creencia de que siempre "más es mejor", será bueno ver todos los casos en los que esto no es así. Puede verse cómo "más datos", "más velocidad", "más comunicación en redes sociales", "más productividad y consumo" llevados a un exceso, generan una actividad frenética, que ha alterado la mentalidad colectiva. Se traduce entonces en: "más ansiedad", "más impaciencia", "más intolerancia", "más aislamiento" a nivel de las personas. Y en el nivel del Planeta Tierra, se manifiestan sus efectos con la contaminación extendida en el aire, la tierra y el agua. Asimismo, que más personas crean en una mentira, no convierte a esa mentira en verdad. Parafraseando a Gandhi: «Un error no se convierte en verdad por el hecho de que todo el mundo crea en él».

- Es una oportunidad de tasar el verdadero valor de la tecnología, "el becerro de oro del Siglo XXI". Si en 2020, cuando estos planetas marcaron este nuevo ciclo, se imprimió un potente impulso hacia la "virtualidad", es posible que se esté ahora evaluando **el valor de la relación presencial en muchas actividades.**

- De esta autocrítica debe nacer una reorientación del individuo con la sociedad. Es decir, es una oportunidad de alinear nuestra metas y objetivos con las posibilidades actuales, siendo más realistas. De lo contrario, predominará el estado de frustración.

SUPERAR LAS FRUSTRACIONES

Con este aspecto de tensión, puede hacerse más presente el sentimiento de frustración. Aprender a reconocer esto en nosotros, será de gran ayuda para superar las dificultades internas y externas. El tipo de aspiración que tengamos va a determinar nuestra forma de experimentar la vida. Si creemos en la fantasía tan promocionada de que las cosas tienen que salirnos fácilmente, sin esfuerzos, negando la idea tan importante de "procesos" y etapas de desarrollo de un proyecto, las frustraciones son 100% garantizadas. Por lo tanto habrá que sacarse las anteojeras de la ilusión, para aceptar que precisamos tiempo, dedicación, y condiciones adecuadas para gestar los objetivos. Incluso Buda y Jesucristo, han pasado por obstáculos, tentaciones, rechazo por parte de los demás y otras muy difíciles pruebas. Sin ánimo de compararnos, es importante tener **puntos de referencia correctos**. y si comprobamos que el paradigma en que vivimos nos conduce a mayores sufrimientos, será hora de replantearnos un cambio de perspectiva. Los puntos de referencia son naturales y necesarios para guiarnos. Cuando se carece de una Ética orientadora, fácilmente se cae en el fangoso terreno de la corrupción y la desintegración.

Si vamos al diccionario, encontraremos dos definiciones de "frustración". La primera definición es: *"Acción y efecto de frustrar. Sinónimo: fracaso, malogro, hundimiento, revés. Antónimo: triunfo, logro"*. Se refiere a **un malogro objetivo**, concreto. Por ejemplo: tengo como meta ganar el primer puesto en una competencia deportiva y no lo logro, se frustra esa posibilidad. Puedo aceptar mis limitaciones, o tomar el hecho de haber perdido, como un desafío para entrenarme mejor para la próxima oportunidad. No necesariamente es algo "negativo" es un aprendizaje en la experiencia de la vida y una invitación a seguir mejorando.

Pero veamos ahora la segunda definición de "frustración" en el diccionario: *"Sentimiento de insatisfacción o fracaso. Decepción, desilusión, desengaño, desencanto, chasco."* En este caso, "frustración" se refiere a una emoción negativa que puede ser producida no necesariamente por un "revés" de la vida, sino que hay una **insatisfacción**, que incluso se puede producir después de satisfacer el deseo o ambición. La frustración se puede producir, porque se quiere alcanzar un falso ideal, algo que no es real, o no es posible, de allí la definición de "chasco, o fiasco". Y cuando se acumulan frustraciones incomprendidas se expanden las emociones negativas (bronca, depresión, envidia…). Los falsos "modelos" estéticos, por ejemplo, han hecho mucho daño a generaciones enteras. Donde los estándares de delgadez, o de verse siempre eternamente jóvenes, etc. interfieren con la salud, incluso crean enfermedades físicas y mentales.

Pero la **frustración natural** (como la definición lo indica en el primer sentido del término como "malogro o revés") es parte del **proceso de aprendizaje**. Y si es bien dirigido, conduce a una nueva etapa. Un ejemplo puede bastar para graficarlo. Si queremos enseñarle a un niño a andar en bicicleta, deberemos enseñarle a atravesar algunas frustraciones. Cuando el niño se caiga, o no consiga mantener el equilibrio solo, nuestro rol será brindarle apoyo, transmitirle seguridad, darle las ideas y herramientas adecuadas para que paso a paso, y con la práctica pueda lograr ese gran desafío. Cuando aún el niño no sea capaz de mantener el equilibrio, puede llorar o patalear, pero el adulto a cargo lo consolará, sabiendo que es sólo una etapa del aprendizaje y tendrá la fe en que con el tiempo lo logrará.

Podemos decir que los Dioses del Olimpo (Zeus-Júpiter y Saturno-Cronos) nos ven así, del mismo modo que vemos al niño al caer de la bicicleta. Ellos nos dirían con voz cariñosa y consoladora: "Sigue practicando"; "No te desanimes"; "Aprende de tus errores"; **"LA VIDA ES UNA ESCUELA".**

La frustración que nos produce la no realización de algún proyecto según la expectativa original, puede ser una oportunidad para aprender mucho. Podemos tomar la frustración sólo como una alerta, y usar esa emoción para:

- **Rediseñar** los planes en base a una visión más realista.
- **Conocer más** sobre las dificultades y limitaciones, para trabajar en fortalecernos en un plan de desarrollo.
- **Aceptar** el aprendizaje que impone el destino, si algo no sucede, tiene una razón. Por ejemplo, un viaje que se frustra (puede ser para preservarnos de una mala experiencia). Un ascenso que no llega a tiempo, es porque quizás aún no estemos preparados, o bien, puede ser una buena oportunidad para aprender sobre la humildad y el valor de nuestro trabajo sin importar el puesto que tengamos.
- **Reflexionar** más acerca de qué NECESITO, a diferencia de lo que DESEO.
- **Barrer con falsos modelos** implantados, que son por ende inalcanzables y producen una insatisfacción permanente.

El peligro de tener fantasías erróneas, que alejan de la realidad posible, puede llevar a que se desaprovechen las verdaderas oportunidades. Un antiguo dicho popular decía al respecto: **"A la ocasión la pintan calva"**. Un ejemplo, una persona busca pareja, conoce a alguien con quien se lleva muy bien, sin embargo, termina por desechar el vínculo, debido a que considera que esa persona no coincide con una imagen creada por influencia de películas, de condicionamientos familiares, etc. Pierde una oportunidad por no ver las cosas con objetividad. Para evitar estos errores, se precisa de un autoconocimiento profundo, para poder superar visiones estrechas, y contar con los buenos sentimientos que orientan el accionar correcto.

NUEVAS OPORTUNIDADES

Durante el Mes de Noviembre y Diciembre 2025, ambos planetas formarán un trígono entre Cáncer y Piscis, como vemos en el gráfico de la Luna Nueva del 20 de Noviembre.

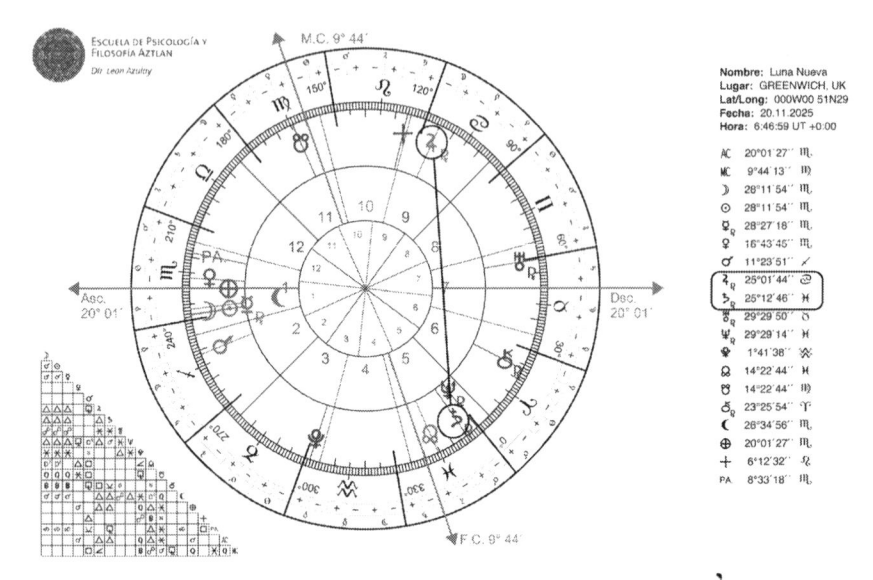

Carta de la Luna Nueva del 20 de Noviembre de 2025

LAS TENDENCIAS SERÁN:

- Posibilidad de apertura a nuevos proyectos e iniciativas
- Favorece acuerdo en temas de bienes raíces e inmuebles, construcciones, trabajos agrarios.
- Puede concretar proyectos demorados, especialmente en el plano profesional o financiero. Mucho dependerá de cómo hemos lidiado con los obstáculos y frustraciones durante la primera mitad del año. Por eso es importante prepararse para esta oportunidad, trabajando con honestidad y equilibrio en nuestros proyectos a lo largo del año. Dependiendo de la carta natal, puede ser un período para cosechar algunos frutos de los esfuerzos realizados anteriormente.

- En la Luna Nueva del 20 de Noviembre, habrá 7 planetas en los signos de Agua. Formando un gran trígono entre ellos. Si bien Júpiter y Saturno estarán retrógrados (lo que puede lentificar los procesos), puede ser una energía fluida para todo tipo de realizaciones. También impulsa a la regeneración, especialmente en actividades ligadas al elemento agua: la vida afectiva y familiar, actividades ligadas a la psicología, el autoconocimiento, el trabajo con los sueños, actividades artísticas, la espiritualidad, la sanación física y emocional.

Los períodos de austeridad, ya no sólo en sentido material, sino psicológico, representan la posibilidad de darse cuenta de las limitaciones, volverse más realistas, redefinir objetivos, hacer mayores esfuerzos, y tener confianza en que todo es pasajero e impermanente y no desviarse de una acción que incluya la ética (ya que "el fin no justifica cualquier medio"). Si nos mantenemos en esa senda, cuando llegan los mejores períodos, nos encontramos mucho mejor preparados y sabemos valorar más los logros, y ser agradecidos por las bendiciones de nuestra vida (familia, amistades, oportunidades, conocimientos, según sea el caso de cada uno).

Esto nos indica que debemos estar preparados para afrontar las dificultades, y al mismo tiempo estar atentos para hacer uso de las oportunidades que se nos presentan. Esta actitud implica que superemos prejuicios y miedos, y al mismo tiempo sugiere que es necesario que estemos en una práctica de Plena Consciencia, observando lo que sucede en nuestro interior y los mensajes que los "Marcadores del Tiempo" (Júpiter y Saturno) tienen para nosotros.

ASTROGUÍA MENSUAL 2025

En esta Guía Astrológica, se ofrecen previsiones y consejos para los 12 Meses del 2025. Mencionamos aquí las configuraciones astrológicas más destacadas de cada mes, incluyendo lunaciones, ingresos planetarios en los signos, aspectos astrológicos principales y retrogradaciones de los planetas.

Las configuraciones planetarias o aspectos (tales como las conjunciones, que indican cuando dos planetas se posicionan en el mismo lugar del Zodíaco) pueden estar activas por varios días o semanas, dependiendo de la velocidad de los planetas y también debido a que existe un "orbe" o margen de influencia, antes y después del aspecto exacto. Por ello, nos referimos a períodos (vale decir, por ejemplo: "Del 9 al 14 del Mes…").

Al inicio de cada mes, encontrará un recuadro con información destacada con lo más importante de los siguientes 30 días.

Estas previsiones están confeccionadas en base a las posiciones planetarias previstas en las Efemérides Astrológicas (estas son las Tablas que usamos los astrólogos para extraer la información a la hora de confeccionar una carta astral o cualquier estudio astrológico).

Como todo pronóstico, están hechas de modo general, por lo que han de tomarse como una "hoja de ruta" que debería complementarse con un análisis personalizado de los tránsitos y progresiones sobre la Carta Astral de cada individuo.

Cuando ponemos el horario de un determinado evento, aclaramos que es a hora de Greenwich colocando la sigla GMT que significa Greenwich Mean Time, en referencia al meridiano 0° que demarca los Husos Horarios de todo el planeta. Para calcular su hora local, deberá sumar o restar la cantidad de horas que indique su huso horario. Por ejemplo, para Argentina debemos restar 3 horas a la hora de Greenwich (GMT) para obtener la Hora Oficial de Argentina.

Cuando nos referimos a aspectos tensos, habitualmente asociados con lo "negativo", se hace en función de extremar los cuidados y poder tomar precauciones. Es mejor prevenir que curar. Si uno conoce que va a haber una tormenta, entonces saldrá de su casa provisto de un paraguas o de un impermeable y así evitará mojarse. De ningún modo las influencias deben tomarse de manera absoluta o determinista, ya que esta es una guía general; y es un estudio pormenorizado a nivel personal, es el que en última instancia define los efectos para cada individuo particular.

Respecto a las influencias habitualmente entendidas como "positivas", su manifestación y aprovechamiento estará en relación y proporción a lo que cada individuo venga sembrando con sus acciones, pensamientos y emociones. Por tanto, siempre es recomendable ir sembrando día a día semillas desde la conciencia ética, así cuando la oportunidad aparece, seremos más capaces de poder aprovecharla a nuestro favor. Pero si operamos en un nivel de "piloto automático", mecánicamente, simplemente responderemos de manera reactiva e inconsciente a las influencias, cual títeres con su titiritero. Sólo si el títere o marioneta (es decir nosotros mismos) se da cuenta de que está "jalado" por fuerzas mayores, entonces puede prepararse para cumplir su actuación más consciente y creativamente, o bien detenerse antes de un impulso negativo.

ENERO

> ### Inicio de un Nuevo Año, el Sol da Nacimiento a un nuevo ciclo
>
> En la antigua Roma, el Dios de los nuevos comienzos era Jano, el Dios del Umbral, que tenía una cabeza con dos caras. Mira con una cara hacia el pasado, a lo que se fue, y con la otra hacia lo que viene. De ahí el nombre de Enero que en distintos idiomas conserva la misma raíz que "Jano": January en inglés, Janeiro en portugués, Januar en alemán, etc.
>
> Comienza el año nuevo oficial, si bien el año astrológico inicia el 20 de Marzo, es un ciclo importante a nivel colectivo. Aquí compartimos la Carta del Inicio del 2025. Lo que llamamos Carta Horaria, calculada para el Meridiano 0° de Greenwich. En ella vemos la posición del Sol en 10° de Capricornio, ubicado exactamente en el Fondo de Cielo, lo que en el gráfico se ve como "abajo de todo". Esto se repite cada año, a las 00:00 hs de Greenwich. ¿Qué significado tiene? Es de hecho todo un Sincronismo. Ya que al mismo tiempo que inicia un nuevo ciclo vital en la Tierra de 12 meses (Nuevo Año Oficial); el Sol dador de vida se encuentra en el punto de la carta astral que marca los finales y nuevos inicios, nacimientos sean de consciencia o literalmente de encarnación en la materia. Ese punto de la Tierra, cuando el Sol pasa exactamente por el Fondo de Cielo, se encuentra en el punto de "mayor oscuridad". Y cuando algo llega a su punto máximo, lo único que le queda es proseguir hacia su opuesto. Es decir, que desde el "máximo de la noche", empieza el ascenso de la luz hacia el nuevo día. Cada día el Sol pasa en algún momento por el Fondo de Cielo, lo que es sincrónico es que lo haga exactamente a las 00:00 hs en el meridiano de Greenwich que rige a todo el mundo, el día que termina un año y comienza simultáneamente el otro. Lo que nos hace pensar, que ni la fecha, ni la localidad son arbitrarias, sino que responden a conocimientos astrológicos y astronómicos (incluidos en el calendario gregoriano, que es el que usa la mayor parte del mundo actualmente).

Día de los Magos Astrólogos: 6 de Enero

Según una revisión de la Historia, podemos afirmar hoy con toda claridad que los Reyes Magos eran en realidad sabios astrólogos, que venían de Oriente, más precisamente de la región de la Mesopotamia, cuna de la astrología asirio-caldea. Seguían una "estrella", que era la conjunción planetaria especial entre Saturno y Júpiter en el signo de Piscis, donde se hallaba Urano también. En ese momento de la historia de la Humanidad, los primeros años de la Era Cristiana, comenzaba la Era de Piscis. Aquellas coincidencias, eran una señal significativa, y coincidente con las predicciones de antiguos Profetas. Uno de los astrólogos y astrónomos que estudió este tema fue Johannes Kepler. Pero siglos antes, alquimistas y astrólogos ya lo sabían. En el siglo IV, el filósofo platónico Calcidio, traductor del "Timeo" y de gran influencia en la Edad Media, se refirió a la estrella de los Magos y a la explicación que de ella daban los sabios. «Hay otra historia (..) que atestigua que mediante la aparición de cierta estrella, se anunció la venida de un Dios venerable (...). Después de ver esta estrella viajando durante la noche, los más sabios de los caldeos, como **hombres perfectamente adiestrados en la contemplación de la astrología**, indagaron el nacimiento reciente de un Dios, y, al descubrir la majestad de este Niño, le rindieron los homenajes (..)» Por supuesto, "la estrella" no era tal, ni surgió esa noche. Eran los planetas Júpiter y Saturno, que se alinearon en una gran conjunción en el Signo de Piscis, y marcaron una nueva era, un nuevo tiempo y un nuevo nacimiento. Este nuevo nacimiento marcó un antes y un después en la historia del Planeta Tierra, independientemente de las creencias que se puedan tener al respecto. Desde el punto de vista gnóstico o esotérico, se considera que Jesús el Cristo, fue un Avatara, una manifestación de la consciencia solar en la Tierra, con una misión de brindar una nueva enseñanza a la Humanidad. Así como en otras épocas hubo otros: Buda, Orfeo, Zoroastro, entre otros.

Fricción que pule el Cristal (o que erosiona)

Este mes se produce un aspecto que se mantiene a lo largo de todo Enero, y hasta mediados de Febrero, es el de la Semicuadratura de Saturno y Plutón. Este aspecto representa una fricción que incomoda. Se llama semicuadratura ya que es la mitad de una cuadratura (90°), es decir, 45°. Entre estos dos planetas mayores es un aspecto poco habitual y forma parte del desarrollo, en este caso, del ciclo que comenzó en 2019 y 2020, con la conjunción de Plutón-Saturno. Ese ciclo, que dura 37 años (que se produce cada vez que Saturno y Plutón se encuentran en el mismo signo del zodíaco), marcó en 2020, en Capricornio, grandes crisis y cambios en las estructuras sociales, políticas y económicas de la humanidad, cuya punta del Iceberg se mostró en la pandemia.

En este caso, la semicuadratura, nos lleva a revisar estos últimos 5 años ¿qué cambios profesionales, familiares y de nuestra salud se produjeron en nuestra vida entre 2019 y 2020, y cuáles de ellos dejaron su huella y perduran en el presente? Será un período de lidiar con limitaciones, y al mismo tiempo de cuidarnos. No se trata sólo de no repetir los mismos errores que hayamos cometido en 2019 y 2020, sino de trabajar para corregir deficiencias que tengamos a causa de esos errores. Por ejemplo, si descuidamos nuestra salud o cometimos errores en el cuidado de nuestro cuerpo, este período puede poner de relieve algún malestar para que podamos rectificar esto. Los problemas se pueden expresar en: la piel, temas óseos o intestinales, que son los típicos temas de estos dos planetas.

En el sentido de pulir un cristal, para perfeccionarlo, Plutón busca eliminar lo no esencial, lo tóxico, es por ello que nuevos hábitos de carácter naturista serán favorables de adoptar. Al mismo tiempo, si hemos estado excesivamente enfocados en temas profesionales, este periodo invita a buscar más equilibrio entre la vida pública y la vida hogareña, la familia y los vínculos íntimos, que pueden haber sido desatendidos.

> ## Los Nodos Lunares entran en Piscis-Virgo: El Eje Evolutivo
>
> El eje nodal es el cruce de la órbita Tierra-Sol y Luna-Tierra. Simbolizan la relación de la Tierra con las Luminarias (Sol y Luna; día y noche; consciente y subconsciente). Así se refiere a los procesos dobles de integración y desintegración.
>
> A nivel colectivo, este ingreso en Piscis, indica el sentido de la integración a través del desarrollo de la compasión, "sentir con" el otro. Necesidad de cultivar o desarrollar la Fe en lo superior, el Universo, Dios, la Naturaleza. Dejar atrás el escepticismo racionalista y el exceso de criticismo que separa a unos de otros, que es el lado sombrío de Virgo. Siempre a los Nodos en tránsito habrá que seguirlos especialmente sobre la carta natal de cada uno de nosotros. En Febrero, el Nodo tocará a Neptuno. Hablaremos de ello en el apartado correspondiente del mes.

- **1° de Enero:** La Luna ingresa en Acuario a las 10:50 (GMT) y tocará la conjunción con Plutón y oposición a Marte, activando este aspecto de suma tensión que viene presente desde Diciembre 2024.

- **Del 1° de Enero al 11 de Enero:** Se mantendrá la Máxima Tensión de Marte retrógrado Oposición Plutón. Marte y Plutón son octavas planetarias, los vemos ubicados exactamente a 180° desde Diciembre 2024 (Marte en 1° de Leo y Plutón en 1° Acuario). Pueden haber fuertes enfrentamientos, conflictos de lucha de poder. Hay que ser prudente, y evitar querer dominar a los demás, ya que esta energía volcánica precipita a la violencia. Tanto en lo personal, como a nivel social y político puede producir turbulencias fuertes, que si no son contrarrestadas por una conciencia equilibrada, pueden crear imágenes de destrucción y precipitar accidentes con fuego. La tendencia a la irritabilidad y el enojo, crea un campo de energía hostil entre las personas. Evite situaciones de riesgo. Por el lado positivo, existe una posibilidad de canalizar esta energía apasionada hacia el trabajo creativo y la transformación, trabajando con los patrones de comportamiento inconscientes para reexaminar sus motivaciones y deseos.

- **3 de Enero:** Venus entra Piscis a las 3:24 h (GMT) y la Luna ingresa en Piscis a las 15:21 h (GMT). Venus se quedará en este signo donde se encuentra en Exaltación, hasta el 4 de Febrero. Tendencias románticas, artísticas, compasivas, están acentuadas a lo largo de este mes. Puede incentivar una falta de claridad respecto de los sentimientos, por eso es importante desde el punto de vista del autoconocimiento aprender a diferenciar: Emociones y Sentimientos, que son 2 funciones distintas.

- **Del 4 al 7 de Enero:** Mercurio en Sagitario cuadratura con Neptuno en 27° Piscis. Son días desfavorables para las comunicaciones, las firmas de papeles y los envíos de mercadería o correos. Predispone a enredos, confusiones o engaños. Por lo que de poder esperar conviene hacerlo, o bien extremar la atención, leer varias veces lo que se va a firmar. Son días donde la mente puede estar más fantasiosa con predisposición a perder u olvidar cosas.

- **6 de Enero:** Día del Astrólogo. Marte Retrógrado ingresa en Cáncer. Seguirá en este signo hasta el 18 de Abril, cuando ingrese en Leo. Se dice que está en Caída (es decir en el signo opuesto a su exaltación, que es Capricornio), pero eso no significa que Marte sea "débil" en Cáncer, más bien lo contrario, es muy fuerte. Marte siempre es ACCIÓN. Aquí va a indicar un modo particular de la acción. Acción movida por valores (afectivos, familiares, patrióticos), acciones que buscan unir, proteger, nutrir, brindar bienestar emocional. Autoridad en el seno de un grupo, de un clan. O negativamente, acciones movidas por caprichos, búsqueda de bienestar egoísta, acciones cambiantes (como la marea o las fases de la luna).

Los países del signo de Cáncer pueden sufrir eventos de violencia (por ejemplo: Estados Unidos, Argentina, Venezuela).

- **8 de Enero:** Mercurio hace su entrada en Capricornio. Se quedará aquí hasta el 28 de Enero. Es una buena posición para Mercurio, que puede ayudar a ordenar ideas, o bajarlas a tierra, haciendo la mente más realista y pragmática. Favorece a quienes desempeñen actividades que requieran del uso de la lógica, como la programación, la matemática, las actividades técnicas. Posición que favorece al estudio y a la introspección reflexiva. Planificación en temas profesionales. Negativamente, una mente ambiciosa para la cual el fin justifica siempre los medios.

- **13 de Enero:** Primera Luna Llena del año, en 24° de Cáncer. Se producirá a las 22:27 h GMT. Junto a esta Luna Llena, se da un trígono de Marte con Neptuno y del Sol con Urano, lo que marca unas semanas por delante de fuertes movimientos en el poder (representado por el Sol) y los pueblos (representados por la Luna) estarán muy movilizados. Algo nuevo, o que parece novedoso, puede esconder el famoso "gatopardismo", que aboga por cambiar algo cosmético, para que en realidad nada cambie y se mantenga el statu quo. Cuidado de no ser engañados por esos "falsos cambios". Por otro lado, a modo de efemérides, se cumple hoy el 159° aniversario del nacimiento del creador de la *Psicología del Cuarto Camino*, G. I. Gurdjieff, quien naciera el 13 de Enero de 1866.

- **Del 13 al 18 de Enero:** Marte oposición con Sol. El aspecto exacto será el 16 de Enero, cuando Marte se posicione en 26° de Cáncer, y el Sol en 26° de Capricornio. El planeta Tierra se encuentra en conjunción con Marte, aunque este es un tránsito rápido, suelen coincidir con días de actividad frenética. Cuidarse de la tendencia a accidentes con fuego o cortes. Es mejor no correr riesgos innecesarios. En la salud, predispone procesos inflamatorios y eleva la presión arterial, en personas con esa predisposición se recomienda extremar los controles estos días.

- **19 de Enero:** El Sol hace su entrada en Acuario, a las 20 h GMT. Los Acuarianos comienzan su Revolución Solar y temporada de cumpleaños.

- **Del 18 al 21 de Enero:** Venus en conjunción con Saturno en el grado 16° de Piscis. Puede producir susceptibilidad, y por otro lado una mayor exigencia con quienes le rodean. Estos días no son propicios para asuntos sociales o artísticos. Favorece la introspección, pero también pueden aparecer estados de decaimiento anímico.

- **Del 18 al 28 de Enero:** Armonía entre Marte y Urano. Ambos planetas retrógrados forman un sextil, que se mantiene durante estos 10 días. Es un aspecto de construcción, ingeniosidad para cambiar algunas rutinas. Tareas relacionadas con la electrónica, ingeniería, o tecnología en general, se verán propiciadas. Impulsa una actitud más independiente, pero al mismo tiempo puede dar indisciplina.

- **19 al 21 de Enero:** Aspecto exacto de conjunción Sol-Plutón. Fuertes expresiones de poder concentrado, y pujas entre distintas facciones enfrentadas con acusaciones locales e internacionales. Plutón representa las plutocracias y el Sol es el planeta tradicional de presidentes y monarcas. Reuniones de poderosos. Tensiones y resistencias, ya que Plutón puede representar motines, manifestaciones. Algo nuevo, o en apariencia nuevo, emerge y se manifiesta. Pueden tejerse tramas ocultas, que más tarde saldrán a la luz, así que no confundir "todo lo que brilla no es oro".

- **Del 22 al 24 de Enero:** Mercurio desde Capricornio forma tensión Marte en Cáncer. La comunicación toma cauces irónicos y mordaces. Trate de ser diplomático en su trato para evitar ofender a otros con sus palabras. Si es usted el que resulta ofendido por otros, evite reacciones impulsivas. Intensifica la actividad mental, aunque también la tensión nerviosa. Problemas con llaves, que se pierden, rompen o traben.

- **24 al 26 de Enero:** Venus sextil Urano y trígono a Marte; y Mercurio en sextil con Neptuno. Representa una oportunidad para el equilibrio entre el dar y recibir afecto. Entre las cualidades receptivas venusinas y las activas de Marte y Urano. Favorable para contactos sociales, expresiones cálidas en los vínculos y estudios ligados a temas espirituales y psicológicos. Días propicios para actividades creativas y artísticas, especialmente musicales.

- **27 de Enero:** Se produce el aspecto exacto de Fricción entre Saturno y Plutón. Ver el recuadro destacado al principio de Enero donde explicamos este aspecto, que está activo todo el mes y parte de Febrero también.

- **28 de Enero:** Mercurio entra en Acuario. Saldrá de este signo el 14 de Febrero. Pone el foco en desarrollar comunicaciones más abiertas o fluidas. Los contactos e intercambios pueden ser novedosos y nutritivos. Mecánicamente esta posición vuelve la mente más ansiosa e inconstante.

- **29 de Enero:** El Nodo Norte de la Luna, sale de Aries e ingresa en Piscis (al mismo tiempo que el Nodo Sur, sale de Libra, e ingresa en Virgo). Se quedarán transitando el eje Piscis - Virgo todo este año.

- **29 de Enero:** Luna Nueva en 9° de Acuario. Los aspectos tensos de Mercurio en esta lunación auguran un mes lunar (los próximos 28 días, hasta la siguiente Luna Nueva) donde las comunicaciones, correos, traslados, actividades intelectuales, encontrarán obstáculos o entorpecimientos. El encuadramiento con Plutón, lleva los pensamientos y emociones de paseo por el "Hades", es decir, busca profundizarlos al mismo tiempo que va sacando a la superficie emociones compulsivas que podrían crear luchas de poder y pensamientos obsesivos.

- **30 de Enero:** Urano Directo. Seguirá Directo hasta el mes de Septiembre cuando comience su retrogradación. Avanzará hasta llegar a Géminis, luego de 7 años de su tránsito por Tauro.

FEBRERO

Inicia el Fuerte Encuadramiento Planetario...
que durará hasta Noviembre

Se trata de una configuración donde todos los planetas (a excepción de nuestro satélite, la Luna) quedarán "enmarcados" por Marte y Plutón. Es decir que durante 9 meses del año, se mantendrá esta relación, cuya forma más fácil de graficar es imaginar que Marte y Plutón son los panes de un sandwich, del cual el "relleno" son los 7 planetas restantes. En un lenguaje más científico de la astrología, a esto se lo denomina encuadramiento planetario. La teoría general de los encuadramientos parte de la base de que cualquier planeta (o conjunto) que se halle entre otros dos planetas conforman con ellos una particular influencia. Estas significaciones no tienen ninguna relación con los aspectos, ya que ellas son valederas en todos los casos, independientemente de las distancias angulares.

Por otro lado, Marte se vuelve Directo este mes, marcando su gran descarga energética.

Stellium en Piscis: Navegando las Mareas Emocionales

Un Stellium se produce cuando se unen en un mismo sector del Zodíaco más de 3 Planetas. En este caso tendremos hacia fin de febrero a Neptuno, Saturno, el Nodo Norte, Mercurio y el Sol, todos ubicados en el tercer Decanato del Signo de los Peces. Puede ser favorable para aumentar las tendencias introspectivas y regeneradoras física y psíquicamente, la meditación, el arte y la psicología profunda están facilitadas como actividades. En el ámbito concreto y material puede "hacer agua", generando confusiones, situaciones ambiguas o caóticas. No perder los pies de la Tierra, es un buen consejo para hallar el equilibrio. Se concentra la energía en este sector, por lo que recomendamos fijarse en su Carta Natal, qué Casa y Aspectos se activan. Cuando se agrupan muchos planetas, puede resultar estresante porque se concentra la energía en una pequeña área de su carta, esto puede crear desequilibrios que limitan su perspectiva y hacen que los eventos desafiantes sean más probables. Pero también puede ser productivo si se canaliza esa energía para metas específicas en estas áreas. En términos muy generales, tenderá a formar armonía con los Signos de Agua (Piscis, Cáncer y Escorpio) y con Capricornio y Tauro. Aumentará la tensión para los signos Mutables: Geminis, Sagitario y Virgo. Es importante tener presente que en Marzo, y parte de Abril, continuarán fuertes agrupamientos planetarios en los grados finales del signo de Piscis e inicio de Aries.

Nodo Norte en Piscis Conjunción Neptuno: Entre la Luz y la Sombra

Es significativo que a pocos meses de la retirada de Neptuno de Piscis, se dé este aspecto. Ya que Neptuno está en Piscis desde el año 2012, en su propio su signo, y su influencia a sido intensísima: misticismo por doquier, uso masivo de drogas mundial, renacer del espíritu religioso, falsos profetas, aumento de la confusión, y la sugestión mundial por medio del uso de imágenes (regidas por Neptuno). Los tránsitos de los Nodos Lunares son muy importantes, si bien no son visibles como los planetas, son puntos focales de energía que representan los dos aspectos del metabolismo evolutivo. El Nodo Norte, asimila e integra. Mientras que su opuesto, el Nodo Sur, desasimila o libera energía.

Cuando forma conjunción con otro planeta, lo potencia al mismo tiempo que indica un punto de asimilación de esa energía. La unión entre el Nodo Norte y Neptuno, pone una lupa o foco sobre el Arquetipo de Neptuno: Lo inconsciente, lo místico, lo trascendente, lo caótico, lo disolvente… Al estar en Piscis, su propio signo, la naturaleza dual del aspecto queda enfatizada. Piscis contiene en su símbolo las dualidades entre un pez blanco y otro negro, uno que sube y otro que baja. Los efectos más positivos de este aspecto implican una necesidad de elevar los sentimientos a un nivel impersonal, religioso y compasivo, no utilitario e inegoísta. Claro que para ser capaces de expresar un ideal tan elevado como el que representa Neptuno, ha de "pasar mucha agua bajo el río" en el sentido de la evolución psicológica. Debemos estar preparados, es decir, necesitamos trabajar sobre nosotros mismos para lograr esas expresiones más sutiles. En la vida moderna, en la que predomina desde hace 3 siglos el materialismo, Neptuno funciona como lo que Jung ha llamado Sombra. Es decir, aquella parte de la humanidad incapaz de elevarse a ese nivel, sólo logra expresar el lado más instintivo y elemental de esta energía: la Sombra. Este es el caldo de cultivo de la confusión del "todo vale", que abre la puerta a los lados más oscuros de la humanidad: corrupción, fraudes, engaños, abusos. Luego el que ejecuta ese proceso crítico es Plutón. Sus manifestaciones se verán con más claridad a lo largo de todo este mes. Es una oportunidad para comenzar a funcionar con mejores sentimientos. En definitiva, lo que Neptuno pide es simple: ser buenas personas.

El lado evolutivo, y positivo de este aspecto, es una oportunidad de "crear un karma" favorable, ayudando a otros y aprendiendo del valor del perdón y de la necesidad de escuchar la voz del Maestro Interior que es el Inconsciente, tal como explica Carl Jung en su obra. Recomendamos leer el artículo de este Anuario sobre Neptuno ingresando en Aries, donde explicamos el Arquetipo de Neptuno.

Aquellos del tercer decanato de Géminis y de Sagitario, están en un período donde necesitan cuidar más de su salud física y emocional.

Marte en Armonía con Saturno: Fuerza y Resistencia

Este aspecto estará activo casi todo el mes de Febrero, ya que Marte se encuentra a una velocidad muy lenta (debido a que se halla en su última etapa del ciclo de retrogradación). Marte es Fuerza, Saturno es Resistencia. Si bien es un aspecto auspicioso, el trígono posee una naturaleza más débil y sutil que otros aspectos (por ejemplo el sextil). Ayuda a lograr mayor autocontrol para manejar asuntos difíciles y definir metas de corto o mediano alcance. Los objetivos de tipo práctico pueden alcanzar resultados porque dan fuerza y resistencia para trabajar por ellos. Es favorable para hacer reparaciones en una propiedad. Saturno matiza el impulso marcial y manifiesta su energía de un modo más paciente y responsable. Oportunidad de recibir favores o consejos de personas de autoridad o de personas mayores; o bien, de ayudar a personas mayores.

- **1° de Febrero:** Se produce la conjunción de Neptuno con Venus (a la que se suma la Luna) en el grado 27° de Piscis. Si bien es un aspecto rápido, ambos planetas juntos se potencian, ya que son octavas planetarias; a lo que además se agrega al Nodo Norte también en conjunción a ambos planetas. Venus rige los sentimientos personales, y Neptuno los valores impersonales. Predispone a un mayor romanticismo, y sensibilidad frente a la belleza. Para artistas indica inspiración. Invita a un estado más contemplativo de la mente. La Luna, también en Piscis, pasará por aquí potenciando la sensibilidad, emotividad y sugestionabilidad. Por eso es importante estar especialmente atentos a las imágenes que recibimos, porque de ser imágenes basura o negativas, la mente se intoxicará más fácilmente, ya que se encuentra en un estado de mayor influenciabilidad. Más allá de este tránsito, es recomendable siempre cuidar lo que dejamos entrar en nuestra mente.

- **Del 2 al 4 de Febrero:** Mercurio en Acuario forma un armónico trígono con Júpiter (estático en 11°17´ de Géminis). Este aspecto en los signos del elemento Aire, estimula la comunicación, los intercambios comerciales fluidos y la actividad social en general. Favorable para actividades ligadas a estudios, publicaciones, publicidad. Puede ayudar a planificar teniendo una mente más amplia y una disposición más abierta.

- **Del 2 al 22 de Febrero:** Se forma un armónico de 120° entre Marte en Cáncer y Saturno en Piscis. Este trígono, en el elemento agua, se perfeccionará el 9 de Febrero (día de su aspecto exacto), no obstante estará activo casi todo el mes. Como todo trígono, representa una energía más sutil, sólo quienes están muy atentos podrán aprovechar esta energía positiva. Se da un equilibrio entre "Fuerza y Resistencia". Esta combinación permite desarrollar proyectos paso a paso, consolidar actividades, hacer un uso racional de la fuerza marcial, lo que puede permitir tener más paciencia y autodominio. Favorece más a los signos de Agua (Cáncer, Escorpio y Piscis) y a Tauro y Virgo. En el recuadro destacado describimos más esta energía.

- **4 de Febrero:** Venus ingresa en Aries, el signo donde se encuentra en exilio. Venus es Regente de los signos de Tauro y Libra, donde se halla en su "domicilio". En los signos opuestos, Escorpio y Aries, Venus se halla en "exilio". Esto significa que se halla más dominado por la naturaleza del signo, sintiéndose algo más "incómodo" allí. Si Venus es Armonía y Diplomacia, Aries es asertividad y vehemencia. Por tanto, un Venus en Aries motiva sentimientos fogosos, explosivos, un amor que prioriza la independencia y poca paciencia en los intercambios. Por otro lado, puede brindar más dinamismo a las relaciones, pero también puede generar dificultad para cooperar con otros. Se quedará aquí hasta el 27 de Marzo, cuando en su retrogradación vuelva a entrar en Piscis.

- **4 de Febrero:** Júpiter comienza su movimiento Directo.

- **Del 9 al 12 de Febrero:** Sol y Mercurio desde Acuario en tensión con Urano (posicionado en 23° de Tauro). Es un tránsito pasajero, rápido, pero irritante. La comunicación puede ser espasmódica debido a la impaciencia e irritabilidad que estimula este aspecto. Puede haber retrasos, fallos o dificultades en vuelos, telecomunicaciones, cortes de servicios de internet y de electricidad.

- **12 de Febrero:** Luna Llena en 24° del eje de Leo y Acuario. La cuadratura en forma de T con Urano vuelve este período algo impredecible, cambiante e inestable. Aumenta la intranquilidad, inquietud y el deseo de libertad. Eventos inesperados podrían provocar interrupciones, temas climáticos como tormentas eléctricas, tornados; o bien cortes de energía o internet. En el mejor de los casos, puede inspirar en lo particular, sorprendentes ideas que brinden soluciones nuevas a los viejos problemas.

- **14 de Febrero:** Mercurio entra en Piscis, se queda aquí hasta el 3 de Marzo. Este es el signo donde el planeta de la actividad racional se halla en exilio. Del mismo modo que cuando una persona exiliada debe amoldarse a una realidad que en principio le resulta ajena, aquí el planeta de la lógica racional se vuelve hacia la ensoñación, sensibilidad y fantasías piscianas. Lo bueno, inspiración artística, mentalidad inclinada a la mística e intuitiva. Negativamente, mente lunática y desconectada de la realidad.

- **17 de Febrero:** Aniversario de la muerte de Giordano Bruno. El 17 de febrero de 1600, el astrólogo, astrónomo y filósofo, fue quemado en la hoguera acusado de escribir ideas "heréticas".

- **18 de Febrero:** Entra el Sol en el Signo de Piscis, a las 10:06 h (GMT). Los Piscianos comienzan su temporada de revoluciones solares y cumpleaños, en un año de cambios debido a que Saturno y Neptuno salen de Piscis para ingresar en Aries.

- **23 de Febrero:** Marte comienza su movimiento Directo (luego de casi 3 meses de retrogradación). Es el momento de la "Descarga de Energía" marcial. Todo lo retenido o recargado durante su retrogradación empieza a liberarse: tanto lo positivo para destrabar actividades, como lo negativo, ya que acelera conflictos. En lo individual, es tiempo de ponerse a trabajar en metas positivas en su trabajo y familia. Todos los planetas a partir de ahora están directos, lo que es un empuje para salir del estancamiento. Como Marte está en Cáncer, signo en el que se expresa con potencia, a nivel global podemos ver movimientos de tropas, noticias ligadas a industrias pesadas y anuncios de naturaleza bélica. Esta fecha es coincidente con un nuevo aniversario, el inicio de una de las actuales, tristes y trágicas guerras (en este caso, nos referimos a la de Ucrania).

- **28 de Febrero:** Luna Nueva en 9° de Piscis. Poderoso Stellium en Piscis, donde se concentran: Luna, Sol, Mercurio, Saturno, Neptuno y Nodo Norte. Aspecta en fluido trígono con Marte que puede orientar actividades creativas. Pero también, forma cuadratura con Júpiter lo que puede llevar a errores de juicio y excesos emocionales, como también, en la bebida y comida. Mantener el equilibrio es una buena meta este mes lunar. Una fuerte predominancia del elemento agua, que negativamente despertará fantasías, impulsos hacia las evasiones (a través de drogas o alcohol) y una fuerte "marea emocional" en la que deberemos navegar sin naufragar. A nivel planetario: inundaciones, o problemas ligados a zonas marítimas. Positivamente, este stellium despierta la sensibilidad y motiva acciones orientadas a la asistencia de otras personas, a nivel físico o emocional, y en lo personal, a la búsqueda de la sanación de heridas que vienen del pasado.

MARZO

Marte va acercándose a la Tensión con Plutón

Si bien la oposición exacta entre Marte y Plutón será en Abril, el lento avance de Marte hacia el tercer decanato de Cáncer, va "tensando la cuerda". Recordemos que Marte entró en Cáncer el 4 de Septiembre del año pasado (2024). El planeta de las luchas y de la autoafirmación ya lleva 6 meses de estancia en el signo del cangrejo. A pesar de que se suele asociar a Cáncer con un signo "tranquilo", que al ser de Agua tendería a apagar las iniciativas ígneas de Marte, la realidad es que Marte en Cáncer suele funcionar de un modo muy fuerte. En el nivel personal, hay incluso muchos deportistas de élite que tiene en sus cartas natales esta misma posición de Marte. ¿Cuál puede ser la causa de esto? Cáncer es un Signo cardinal que "va hacia la meta" de un modo emocional, lo que le da un gran dinamismo interior. Está regido por la Luna, que rige la vida emocional, la palabra "e-moción" significa "con-movimiento". Nunca están quietas las emociones; lo mismo que Marte, que es el empuje, la iniciativa, la acción. A nivel social y político, esta posición enciende la luz roja respecto a situaciones bélicas, de violencia, movimientos de tropas o armas, ataques con armas de fuego. Forma un aspecto de quincunce o 150° con Plutón, octava superior de Marte, esto indica una gran tensión, especialmente en aquellos que toman las decisiones en el poder que pueden encender las alarmas ya que Plutón rige la energía nuclear. La posición más crítica se dará en Abril, cuando forme oposición con Plutón. Pero si empezamos a entender la astrología como un "continuum" espacio-tiempo, y no como "fotos estáticas", podemos ver la progresión "in-crescendo". Mediante la Auto-observación tal como plantea el Mindfulness y el Método Aztlan, podemos ir percibiendo este movimiento en lo externo e interno también.

Entrada Triunfal de Neptuno en Aries el 30 de Marzo

Han pasado 164 años desde la última vez que Neptuno ingresara en el primer signo del zodíaco. Es uno de los fenómenos astrológicos principales de este año. Se cierra el ciclo de Neptuno en Piscis, que fue intensísimo durante 13 años. Los grados finales de Piscis y los primeros grados de Aries, representan un poderoso punto de finales y nuevos comienzos: el final de un ciclo y el inicio de uno nuevo. De un modo más o menos consciente, es claro que como Humanidad hemos alcanzado un momento significativo de renacimiento, pero no estamos del todo preparados. Como cuando el río desemboca en el mar, vemos las aguas de color marrón provenientes del río, con el agua salada y azul del mar. Civilización en transición, caos que es materia prima para que algo nuevo nazca. Cambios profundos en la mentalidad colectiva se irán dando en todo el paso de Neptuno por el signo del Carnero, que se extenderá durante los próximos 14 años de nuestras vidas. Por un lado, el hombre común, ciudadano de los pueblos del mundo, padecerá a dirigentes con complejos mesiánicos que propician un Armageddon (como el Libro de la Revelación de San Juan denomina a la "batalla final"). Por otro lado, esta es una oportunidad de abrir nuevos impulsos espirituales que conforman comunidades humanistas que siguen un ideal compasivo, en grupos minoritarios de la población, que entrarán en una nueva etapa evolutiva.

Año Nuevo Mundial y Mercurio Retrógrado

Otros de los temas destacados de este mes son: el Inicio del Año Nuevo Astrológico el 20 de Marzo, cuando el Sol ingresa en el 0° de Aries; y la Retrogradación de Mercurio desde el 15 de Marzo, y durante los siguientes 21 días. Respecto al Año Nuevo Astrológico, como siempre en el Anuario Aztlan, dedicamos un artículo a su análisis.

Stellium en Piscis: El Mar en Calma nunca hizo a un Buen Marinero

A partir del 25 de Marzo y hasta los primeros días de Abril, 4 Planetas y el Nodo Norte, nuevamente se reúnen en el final del signo de los peces. Aprender a navegar en estas aguas inquietas, implica que nos mantengamos con la Atención enfocada en el Presente, en el Aquí y Ahora.

Mercurio y Venus retrógrados, nos llevarán por caminos de mayor desatención, si no tomamos el timón de nuestras vidas. Si no vemos las cosas con claridad, es mejor pedir consejo o posponer unos días las decisiones. Por otro lado, se empieza a preparar la conjunción estrella de este 2025: Saturno Neptuno (se recomienda leer un completo artículo al respecto en este Anuario).

La Luna Negra ingresa en Escorpio

Hacia fines de Marzo la Luna Negra, también llamada Lilith, deja Libra para entrar en Escorpio. Poco se sabe sobre este foco de la Luna que es Lilith, desde el punto de vista astronómico no es visible, ya que es un punto focal de la órbita lunar alrededor de la Tierra. En el terreno simbólico, Lilith se dice que era la primera mujer de Adán, antes de Eva, pero su carácter rebelde la desterró del Paraíso. Sin embargo, hay distintas versiones del relato, como en toda mitología antigua que hunde sus raíces en distintas tradiciones (babilónica, hebrea y egipcia, entre otras). Desde el punto de vista astrológico, en la Carta Astral Lilith representa la *Líbido* entendida como la describe la Psicología de Jung: la Totalidad de la Energía Psíquica. Este tema de la Astrología más esotérica, lo estudiamos en los Cursos Avanzados del Centro Astrológico Aztlan. En el signo de Escorpio, donde ingresa ahora, se encuentra con una fuerte impronta energética.

- **Del 1º al 3 de Marzo:** Mercurio en conjunción con Neptuno. Este aspecto se volverá a repetir a finales de mes, ya que Mercurio se encontrará retrógrado. Estos días la mente se vuelve más insegura y confusa que lo habitual. Evitar actitudes deshonestas, por acción u omisión. No son buenos días para la firma de papeles importantes porque puede haber malentendidos o errores de interpretación. Ser claros en la comunicación personal. Aumenta la imaginación. Se da en paralelo a la cuadratura de Sol con Júpiter (entre 12° de Piscis y 12° de Géminis), lo que acentúa la tendencia fantasiosa y propensa a exageraciones. Este aspecto alienta esperanzas, lo que es positivo, aunque, sin tener los pies en la tierra, puede crear falsas expectativas. Evitar excesos.

- **2 de Marzo:** Venus comienza su retrogradación. Seguirá retrógrado hasta el 12 de Abril. Venus retrograda cada 1 año y medio, durante un período de alrededor de 42 días. Indica un tiempo para modificar actitudes hacia nuestras relaciones y asuntos financieros. Es un período en que las energías de Venus se vuelven hacia adentro y descienden al subterráneo Hades (lo que en lenguaje psicológico actual, sería el Inconsciente) en búsqueda de renovación. Alguna situación nos obliga a hacer reajustes o cambios en las mismas. Cuidar la salud de los riñones, mediante la alimentación sana, especialmente aquellos con alguna predisposición renal. Es tiempo de reevaluar sus sentimientos sobre las relaciones, los negocios y asociaciones, las finanzas, los valores y sentimientos de autoestima. Este proceso involucrará las áreas de Aries y Piscis de su carta astral.

- **3 de Marzo:** Mercurio ingresa en Aries. Se quedará en este signo hasta el 30 de Marzo, cuando en su fase retrógrada vuelva a ingresar en Piscis. En su movimiento Directo, Mercurio en Aries otorga fuerza mental, ideas repentinas o pioneras. Iniciativas ligadas a proyectos educativos. La comunicación toma cauces veloces y vehementes, tendencia a provocar discusiones y debates acalorados.

- **Del 7 al 9 de Marzo:** Sol en Trígono con Marte, desde el segundo decanato de Piscis hasta el segundo decanato de Cáncer. Es un contacto pasajero, enciende deseos de movimiento, que puede brindar una energía más activa, vigorizar la mente o el espíritu emprendedor. Del 10 al 13 de Marzo: Sol en conjunción a Saturno alrededor del grado 22° de Piscis. Es una conjunción armoniosa debido a la naturaleza opuesta de Sol y Saturno. Saturno es opaco, y absorbe la energía solar, por lo que puede dar una mayor sensación de cansancio. La energía de más retraimiento, puede frustrar las interacciones sociales. Es necesario mantener una actitud optimista, a pesar de que estos días las cosas pueden verse "detrás de un vidrio oscuro".

- **14 de Marzo:** Eclipse Total de Luna y Luna Llena en 24° Virgo. El eclipse será visible en el Pacífico, América, oeste de Europa y oeste de África. Sale con un fuerte encuadramiento de Saturno y Neptuno. Es posible que se sienta sensible y muy nervioso. Positivamente impulsa un deseo de ser útil y servicial con las demás personas. Demasiada actividad mental infructuosa, como "el diálogo interior" podría crear problemas de salud, desatenciones. Traer la mente a casa, al presente, es la práctica fundamental del Mindfulness e incluso más necesaria este mes.

- **15 de Marzo:** Es el Idus de Marzo. Los "Idus de Marzo" son los días del paso del Sol por los últimos grados de Piscis, la última etapa del ciclo zodiacal, previo al ingreso del Sol en Aries. Es una fecha de suma importancia en la Astrología, ya que marca la anticipación del cierre del año astrológico (que como ya mencionamos en el capítulo sobre el Año Mundial, comienza cada 20 o 21 de Marzo).

- **15 de Marzo:** Mercurio comienza su marcha retrógrada, desde el grado 9°de Aries. Seguirá retrogradando hasta el 12 de Abril. Si bien esta influencia por sí misma no es mala ni buena, ya que depende del "uso" que le demos a esta energía, es posible que genere demoras e inconvenientes a nivel de las comunicaciones, traslados, viajes, correos, y actividades intelectuales. Sea cuidadoso con los papeles que firma y preste atención a los documentos y llaves, para evitar pérdidas o complicaciones por distracciones. Positivamente, puede favorecer un proceso de revisión y recapitulación, para mirar hacia atrás, y corregir lo necesario a fin de volver a planificar sus objetivos.

- **Del 18 al 21 de Marzo:** El Sol transita la conjunción con Neptuno. Mayor sensibilidad con el ambiente, favorece el servicio, la asistencia a otros. Imaginación creativa, en especial para artistas y músicos. Predispone alergias o reacciones de sensibilidad a sustancias químicas o medicamentos. Este aspecto si bien se da todos los años, tiene una particularidad, ya que en este caso se da en paralelo a la salida de Neptuno de Piscis, luego de 13 años de estar allí. Es la última conjunción del Sol con Neptuno en Piscis, que recién se volverá a dar dentro de un siglo y medio.

- **20 de Marzo:** Sol ingresa en Aries a las 09:01 GMT. Con un fuerte stellium de Sol, Mercurio, Venus, Saturno, Neptuno y Nodo; lo que marca un año de grandes cambios para los Aries. Los arianos comienzan a tener sus Revoluciones Solares y cumpleaños. Es un año especial para Aries, ya que estará recibiendo la "visita" de dos planetas lentos, Saturno y Neptuno (de los que hablamos en artículos dedicados a esos temas). Además el 20 de Marzo es el Año Nuevo Mundial. Es el cumpleaños de nuestro planeta, y marca el inicio del año astrológico, al ser Aries el primer signo de la rueda zodiacal (analizamos este tema en el capítulo sobre Año Mundial).

- **Del 20 al 23 de Marzo:** Venus sextil Plutón. Oportunidad para profundizar en el valor espiritual de los buenos sentimientos. Plutón puede quitar el velo más superficial de los vínculos, al buscar llevarlos hacia una mayor sentido de trascendencia y profundidad.

- **22 y 23 de Marzo:** Venus conjunción Sol en los primeros grados de Aries. Si bien Venus se encuentra retrógrado, y en el signo de su exilio, este aspecto tiende a considerarse armonioso para las relaciones, interacciones sociales y el ánimo en general. Puede propiciar decisiones ligadas a las finanzas.

- **Del 25 al 31 de Marzo:** Se forma un Stellium, con 4 planetas en el final de Piscis. Que incluye, la conjunción Mercurio y Venus retrógrado con Neptuno y Saturno. Venus y Neptuno comparten características similares ya que ambos se relacionan con los sentimientos: Venus a nivel personal, y Neptuno en uno más trascendente e impersonal. Tendencia a estados emocionales peculiares, y a tener una mayor influencia del inconsciente, lo que puede ayudar o perjudicar dependiendo las particularidades de cada persona (entre las cuales es determinante su Carta Natal). Es posible sentirse más nostálgico o contemplativo. Buen aspecto para escuchar música que eleve el espíritu, estados meditativos y de contemplación de la naturaleza. No obstante, la naturaleza de este stellium, que incluye a Saturno y de Mercurio retrógrados, puede entorpecer los temas más prácticos y concretos de la vida. Habrá que hacer un esfuerzo extra, por ubicarse en tiempo y forma en las situaciones, para no ser víctimas de engaños o autoengaños. Produce la sensación de sentirse aislado o incomprendido en un ambiente que se percibe como hostil o duro. Será cuestión de analizar cada caso en particular, y especialmente ver en qué Casa o Sector de su Carta Natal se produce este aspecto para minimizar los inconvenientes y aprovechar el lado más benévolo de esta energía.

- **27 de Marzo:** Venus retrógrado ingresa en Piscis a las 8:41 GMT. El planeta de la vida afectiva y las artes, seguirá en el Signo de su exaltación (Piscis) hasta el 30 de Abril. En este período, Venus puede exaltar su costado romántico y soñador. Venus representa los gustos, lo que nos da placer naturalmente. En este caso en Piscis, sensibiliza el gusto por la contemplación, la naturaleza, la búsqueda de paz interior. Por el lado negativo, los estados de ensoñación en el campo de las relaciones (personales o comerciales) pueden propender a muchas proyecciones, subjetivas, donde se ve en el otro lo que se desea, teme o fantasea, y no lo que la otra persona realmente es.

- **29 de Marzo:** Eclipse Parcial de Sol y Luna Nueva. En el grado 9° de Aries. Es la primera Luna Nueva del Año astrológico, y coincide con un Eclipse. Será un eclipse parcial visible en el noroeste de África, Europa, norte de Rusia y Groenlandia. Podría ser un gran momento para comenzar algo nuevo en tu vida que le permita ser fiel a sí mismo como individuo. Aunque es posible que los resultados se demoren hasta que Mercurio y Venus vayan Directos. El aumento de coraje para tomar iniciativa para lograr los objetivos, en los líderes y gobernantes mundiales es un arma de doble filo ya que pueden envalentonarse para acelerar acciones bélicas y destrucción.

- **30 de Marzo:** Mercurio entra en el signo de Piscis. Todavía mantiene su marcha retrógrada hasta el 7 de Abril.

- **30 de Marzo:** Neptuno ingresa en Aries. Se producirá a las 12 GMT. Este evento es especial, ya que no se produce desde el año 1861, la última vez que el "planeta azul" (como se suele denominar a Neptuno) entró en el signo del Carnero. Dedicamos un detallado artículo al respecto en este Anuario.

ABRIL

LAS AGUAS CRECEN: DOMINAR LA SOMBRA O SUCUMBIR A ELLA

Sigue la influencia del Stellium que se formó a fines de Marzo y ahora en trígono fluido con Marte. Puede decirse que estará activo casi todo el mes, hasta el 20 de Abril. Es mucha energía del elemento agua. El agua representa tanto el sentimiento profundo como las respuestas emocionales reactivas. Negativamente, son acciones más inconscientes y disociadas de los motivos reales. Positivamente, potencia la capacidad de ayudar a los demás por medio de una sensibilidad empática. Pero también aumenta los deseos compulsivos y miedos irracionales. Puede haber mayor dificultad para identificar sus anhelos y una tendencia a los extremos de conducta debido a emociones fluctuantes. Esto a nivel personal, como también en mayor escala, de la dirigencia mundial, es peligroso, ya que exacerba acciones sombrías, aunque se quieran justificar con falacias contradictorias tales como: "Si quieres paz, preparate para la guerra". Debido a que tanto Neptuno (como Piscis su signo Regente) representan el vasto océano de lo Inconsciente; este Stellium indica una fuerte polarización entre los opuestos: una actitud del ego más disociada del inconsciente. El modo de reacción frente a estas energías, depende del grado de consciencia que tenga cada persona de su Sombra Personal y Colectiva.

Carl Gustav Jung explicó que los seres humanos tenemos una Sombra, que son los instintos, el lado animal en nosotros. Cuando la Sombra toma el mando, se expresan los aspectos más destructivos del ser humano: la violencia, el odio donde se proyecta todo el mal en el otro, el egoísmo, la soberbia, la posesividad, etc. El comprometido autoconocimiento, lo que implica una guía ética, al modo socrático, es la forma en que podremos "mantener a raya" los aspectos más sombríos personales y colectivos.

Como Jung explica en su libro *'Aion'* acerca de hacer consciente la Sombra: "(...)se trata de reconocer los aspectos oscuros de la personalidad. Este acto es el fundamento indispensable de todo conocimiento de sí". Estas energías potencian la naturaleza emocional, y como sabemos, las emociones "nos sobrevienen" como una marea que sube y si no estamos atentos pueden ahogarnos. A nivel de las dirigencias mundiales, muy inconscientes de sus aspectos sombríos, al punto de estar literalmente "poseídos" por su Sombra, este aspecto puede mostrar una mayor división y enfrentamientos entre bandos opuestos.

Como Un Volcán En Erupción: Marte Enfrentado A Plutón

La Oposición Marte y Plutón, en el eje de Leo y Acuario, es una de las "estrellas" de este mes. Marca grandes tensiones que necesitan ser encauzadas. Este aspecto se dará a partir del ingreso de Marte a Leo, el 18 de Abril, hasta fin de mes. Dada la intensidad de estas energías, a nivel social y político, manifiesta luchas de modos y posible recrudecimiento de enfrentamientos en y por el poder local y global.

La oposición representa un momento de manifestación del ciclo entre dos planetas (en este caso entre Marte y Plutón, pero cada mes lo vemos representado en la Luna Llena, un momento de plenitud y culminación). Marte rige las armas, ejércitos, los fuegos, las explosiones, y Plutón lo intenso, profundo, destructivo, la energía nuclear y el petróleo. Estos temas estarán en movimiento y despliegue.

Extremar cuidados en lo personal, requiere de acciones estratégicas para salir airoso, no moverse de manera impulsiva ni obstinada.

Fluida Energía Entre Saturno y Urano: Antiguo y Moderno

A lo largo de todo el mes se mantendrá un fluido aspecto entre Saturno (alrededor del grado 24° de Piscis) y Urano (alrededor de 25° de Tauro). Saturno es la tradición, el statu quo, lo antiguo y maduro. Urano, es la fuerza de cambio y renovación, la innovación y lo moderno. Por ello, ambos planetas en un sólido sextil, brindan oportunidades de renovación de las estructuras vigentes. En el plano personal, dependiendo de la carta natal de cada persona, se pueden hacer reformas profesionales o progresos en el campo científico o tecnológico. Ambos planetas pueden armonizar los cambios, encontrando un equilibrio entre lo antiguo y lo moderno, entre la conservación de lo que es útil y necesario, y la introducción de novedades, así como de una actitud más arrojada y creativa que ayuda a superar los obstáculos y el estancamiento. Cambios constructivos o construir el cambio. Es un proceso, no actuar impulsivamente, medir, sopesar y trazar planes de los cambios que deseamos construir y por los que queremos trabajar. El aspecto exacto será el 4 de Abril, no obstante, hasta el 2026, se irá produciendo de manera alternada debido a los avances y retrocesos de estos 2 planetas lentos.

El Valor Del Sentir: Venus y El Nodo Con El Señor Del Karma

Todo este mes se mantiene una conjunción de Venus, el planeta de los afectos, con Saturno (el Señor del Karma). Por ende, la vida social y afectiva pasa por duras pruebas. No quiere decir esto que sea algo malo, sino que implica un esfuerzo y exigencia el lograr vínculos cálidos y armoniosos, tanto en el plano íntimo como social. Da una tendencia al retraimiento o a la frialdad, deberán manejarse con cautela si no queremos herir, ni tampoco ser heridos en nuestras susceptibilidades. Positivamente, es una oportunidad para tomarse más en serio las relaciones humanas, teniendo presente la importancia de actuar justamente con las demás personas en general, y en particular con nuestros afectos y seres queridos. Podríamos resumirlo en la siguiente regla de oro: "No hacer al otro lo que no deseas que hagan contigo".

- **1° de Abril:** Mercurio, Venus, el Nodo Norte, Saturno y Neptuno (en 0° de Aries), siguen formando el Stellium en el final de Piscis, que se mantendrá durante casi todo el Mes. Lo describimos en el cuadro destacado del mes.

- **Del 1° al 12 de Abril:** Se produce un armónico sextil entre Marte (en Cáncer) y Urano (en Tauro). Favorece actividades originales o creativas en la esfera de los negocios, en el ámbito laboral y en general en las actividades que se lleven a cabo. Acciones efectivas con amigos o grupos están incentivadas por este aspecto. Quienes se dedican a actividades ligadas a la tecnología, la electrónica o la ingeniería, pueden tener un período especialmente productivo.

- **4 de Abril:** Aspecto fluido entre Saturno y Urano, se da hoy de manera perfecta. Sin embargo, este Sextil (60° grados de distancia) entre ambos planetas se mantiene durante todo el mes de Abril. Lo describimos en el recuadro destacado del mes. Favorece arreglos en el hogar, reparaciones de objetos dañados, renovación de planes y proyectos profesionales. Este mismo día se produce el aspecto exacto entre Marte y Urano, también de 60°.

- **Del 5 al 7 de Abril:** Armonía del Sol (en 16° y 17° de Aries) y Júpiter (en 16° y 17° de Géminis). Si bien es un aspecto pasajero, son días propicios para actividades financieras y negocios. Un enfoque más abierto u optimista puede dar lugar a nuevas oportunidades.

- **7 de Abril:** Mercurio comienza su marcha Directa, avanzado desde el grado 26° de Piscis. Pueden comenzar a destrabarse lentamente gestiones ligadas al comercio, correos, trámites y las comunicaciones en general.

- **13 de Abril:** Luna Llena en 23° de Libra (y Sol en 23° de Aries). Se producirá a las 00:22 h (GMT), por lo que en América será visible el 12 de Abril por la noche. Este mismo día el planeta Venus comienza su marcha Directa, desde el grado 24° de Piscis, luego de 40 días de retrogradación. Se produce junto al aspecto exacto de la conjunción Saturno con Nodo Norte (en el grado 25° de Piscis). Colectivamente, representa una oportunidad para asimilar mejor el Arquetipo de Saturno: el orden, la paciencia, el compromiso. Oportunidad de fortalecer el vínculo con los padres o con personas mayores. Pide un mayor sentido del deber, y es posible experimentar una mayor necesidad de soledad o calma. Los procesos de asimilación y liberación se vuelven más restringidos, lo que puede generar digestiones lentas y pesadas.

- **Del 14 al 19 de Abril:** Mercurio conjunto a Neptuno. El aspecto exacto será el día 17 de Abril. Este aspecto "nubla" el discernimiento en cuestiones prácticas y concretas. La mente está más difusa o distraída, con predisposición a pérdidas u olvidos. Evite firmar papeles estos días. Intente mantenerse con la atención activa en el presente, sin fantasías, para evitar engaños o confusiones. Positivamente despierta la imaginación, en especial para escritores o artistas.

- **16 de Abril:** Mercurio ingresa en Aries, donde se quedará hasta el 10 de Mayo. En su movimiento Directo, Mercurio en Aries otorga fuerza mental, ideas repentinas o pioneras. Iniciativas ligadas a proyectos educativos. La comunicación toma cauces veloces y vehementes, tendencia a provocar discusiones y debates acalorados.

- **Del 17 al 30 de Abril:** Se mantiene la Oposición entre Marte y Plutón. El aspecto exacto se dará el 26 y 27 de Abril. Aunque el aspecto aplicativo ya será muy potente desde, como mínimo, 10 días antes. Los signos fijos recibirán especialmente estas tensiones (recordemos que son Tauro, Leo, Escorpio y Acuario). Como solemos decir, la energía no es "buena o mala" todo depende de su uso. Sin embargo, este tipo de configuración que se da este mes enciende las alertas ya que es de una potencia explosiva y requiere de más atención y cuidados de cada uno de nosotros si deseamos lograr una expresión más armoniosa de estas fuerzas en nuestras vidas. A nivel político, es otro cantar, ya que promueve acciones bélicas y fuertes luchas de poder, atentados o explosiones. Moviliza lo que Jung llama el Arquetipo de la Sombra, tanto personal como colectiva. Para cuidarnos y prevenirnos de no cometer ni tampoco padecer acciones destructivas, necesitamos haber trabajado, y trabajar cada día de nuestras vidas, en hacer consciente nuestra sombra (el lado instintivo animal) y echar luz sobre ella. Usando una imagen proveniente del Budismo: "cabalgar el tigre". No se trata de reprimir, sino de domesticar. Aquellos más inconscientes de esta realidad del alma humana, caerán presas de un comportamiento ciego guiado por miedos y obsesiones.

- **18 de Abril:** Marte hace su entrada al signo de Leo. Luego de una muy larga permanencia en el signo de Cáncer (había ingresado a Cáncer en Septiembre 2024), hace su pase al signo de fuego del León, donde Marte se halla fuerte. Marte en un signo de fuego como Leo opera de un modo muy auto afirmativo y expansivo, esta es una posición donde se siente cómodo. Por ello, es característica de personas que tienen fuerte liderazgo, carisma, pero también cuyas acciones pueden ser sumamente avasallantes si no se manejan con consciencia. Tanto en dirigentes como en dirigidos, veremos una tendencia a autoafirmarse de manera teatral, cálida, radiante, expresiva y arrogante. La forma de expresar lo que se desea estará fuertemente teñida por el orgullo y la necesidad de reconocimiento. Es por ello que esta energía se puede usar como un liderazgo positivo, que oriente y proteja a quien lo precise, o todo lo contrario, como acciones avasallantes. Se quedará aquí hasta el 17 de Junio.

- **Del 18 al 23 de Abril:** Marte en trígono a Neptuno. Este aspecto fluido, entre dos planetas que hablan lenguajes muy distintos, puede pasar desapercibido para muchos. Ya que Neptuno es lo Inconsciente y Marte es la acción y el deseo.

Neptuno es Agua y Marte es Fuego. Marte es "ya"; Neptuno es "en ningún tiempo o más allá del tiempo". Por ende, este aspecto puede disminuir la fogosidad marcial y menguar la capacidad de trabajo. Sin embargo, el sextil con Plutón le da mayor intensidad y fuerza de voluntad en este caso. En el sentido positivo, potencia las acciones desinteresadas, y orienta la energía para nutrir y cuidar de los demás. El brindarse a otros, o a una causa, las actividades religiosas, la asistencia a una persona enferma o en necesidad, son tareas muy loables que traerán sus recompensas antes o después.

- **Del 19 al 23 de Abril:** Se produce en paralelo al aspecto relatado en el párrafo anterior, un sextil entre Mercurio y Plutón. Y la entrada del Sol en Tauro, marca la tensión en forma de cuadratura en T entre Sol, Marte y Plutón. Favorece los esfuerzos orientados hacia una meta, ya que brinda mayor fuerza de voluntad. Dependiendo de la carta natal particular, puede posibilitar mayor habilidad para manejar situaciones difíciles. Evitar acciones obstinadas, egoístas, u obsesivas por exceso de ambición. Mayor tensión para los signos fijos Tauro, Leo, Escorpio y Acuario. Las acciones que se emprenden pueden generar oposición y resistencia en los demás. Evite confrontaciones innecesarias por falta de autocontrol.

- **19 de Abril:** Ingreso del Sol en Tauro, a las 19:56 h (GMT). Los Taurinos comienzan su ciclo de Revolución solar, y cumpleaños. Fuertes aspectos para aquellos Taurinos del primer decanato (en especial, los nacidos en los primeros días del signo, es decir del 19 al 24 de Abril).

- **25 de Abril:** conjunción exacta entre Venus y Saturno. Este aspecto, activo durante todo Abril, hoy llega a su "perfección". No obstante, su influencia durará todo el mes, la describimos en el recuadro destacado bajo el título: "El Valor del Sentir: Venus y el Nodo con el Señor del Karma".

- **27 de Abril:** Luna Nueva en 7° de Tauro, se producirá a las 19:31 h (GMT). Esta lunación muestra claras tendencias contrapuestas. Luna y Sol en Tauro desean la calma, la paz, el sosiego y el ir despacio disfrutando de cada pequeño instante de la vida. Sin embargo, por otro lado, podemos decir que la tensión de Marte-Plutón pide drama, vehemencia, intensidad y atención. Recomendamos leer nuevamente el recuadro destacado bajo el título: "Como un volcán en erupción", donde describimos esta energía de Marte y Plutón. Augura un mes lunar por delante en que las luchas, motines y manifestaciones se harán muy visibles. En el sentido positivo, en lo individual, deberíamos tratar de canalizar esta energía extra para transformarse y superarse a uno mismo.

MAYO

Día Del Vesak

En la Luna Llena que se produce en el Eje Escorpio-Tauro, cada año se conmemora la festividad más importante del budismo. Este año será el día 12 de Mayo. Es el día del Vesak, que recuerda hitos importantes de la vida de Siddharta Gautama el Buda. Es un día que invita a sembrar buenas semillas con nuestras palabras, obras y pensamientos.

Impulsando el Aprendizaje y la Sanación

A partir del 9 de Mayo y hasta fin de mes, se produce un armonioso sextil entre Júpiter (que avanza desde 23° de Géminis) con Quirón (que se encuentra entre 24° y 25° de Aries). Este aspecto representa un período de optimismo y curación que posibilita prestar más atención a las carencias psicológicas y heridas psico-físicas a fin de transformarlas. Júpiter es conocido por cumplir una función compensatoria, trata de completar aquello que nos falta. Y en relación al "sanador herido" que es Quirón, no sólo se asocia con procesos de curación física, sino también con la educación. Ambos arquetipos están sumamente relacionados.

Júpiter rige a Sagitario (que es un Centauro) y Quirón también es un Centauro. Ambos se relacionan con el proceso de aprendizaje y la educación. En este aspecto activo, es una oportunidad para atender la salud, es importante aprender más sobre nuestro cuerpo y psique, para ayudar a orientar la sanación. Evitar ser "pacientes" pasivos. Tomar en nuestras manos el proceso de curación, por supuesto con la guía de los profesionales médicos idóneos. Como explica la psicología de Jung, el Arquetipo del Sanador, el Médico o Chamán, está también en el interior de cada uno de nosotros. A partir de Octubre, ambos planetas formarán una cuadratura, por eso es mejor "prevenir que curar" y no dejarse estar en términos del cuidado de la salud física, mental y emocional.

Entrada De Saturno En Aries Y Gran Conjunción Con Neptuno

Saturno hace su ingreso en Aries mientras está en conjunción con Neptuno, esto podría traer inspiración y fe, como así desilusión y confusión. Es posible que necesite dejar de lado viejas estructuras y objetivos para crear espacio y permitir que un nuevo comienzo eche raíces en su vida. Se pueden plantar semillas de un nuevo comienzo en Aries durante los próximos meses, pero es posible que no lleguen hasta al año 2026, cuando Saturno haga su entrada definitiva en el signo del Carnero.

- **Desde el 1° hasta el 5 de Mayo**: Se produce la conjunción Venus-Neptuno en los primeros grados de Aries. El aspecto exacto será el 2 de Mayo. Ambos planetas son considerados octavas de energía, y en la conjunción funden sus energías, potenciando el romanticismo, idealismo y la sensibilidad. No obstante debido a que Venus en Aries se encuentra en "Exilio" está muy influido por la naturaleza activa y dinámica del signo. Favorable para iniciativas guiadas por la inteligencia de los sentimientos, también impulsa acciones ligadas a lo estético y artístico. En el ámbito de la diplomacia mundial, propende a engaños o ambigüedades.

- **4 de Mayo:** Plutón comienza su marcha retrógrada. Se quedará retrógrado los próximos 5 meses, hasta mediados de Octubre. Se moverá del grado 3° al grado 1° de Acuario.

- **Del 4 al 6 de Mayo:** Mercurio en 22° de Aries forma armónico sextil con Júpiter (que está en 22° Géminis, signo mercurial). Favorece temas comerciales, firma de contratos u operaciones comerciales. Agiliza comunicaciones y actividades intelectuales.

- **10 de Mayo:** Mercurio ingresa en Tauro, a las 12:15 h (GMT). El planeta de la comunicación y del pensamiento ingresa en este signo de Tierra. Durante este período, hasta el 26 de Mayo cuando entre en Géminis, la actividad mental precisa ser guiada por el espíritu práctico y sensato de Tauro. Intereses ligados a resolver temas económicos, financieros o concretar operaciones. Por otro lado, provee un carácter metódico para la adquisición de conocimientos. No obstante, también puede dar pereza mental y obstinación, lo cual dificulta la comunicación. Evitar expresiones negativas producto de un enfoque materialista y posesivo.

- **Del 10 al 13 de Mayo:** Mercurio en cuadratura con Plutón. El aspecto exacto será el 11 de Mayo, con Mercurio en 3° de Tauro y Plutón en 3° de Acuario. Estos días puede haber pensamientos obsesivos, ligados a temores y preocupaciones. La desconfianza puede interferir la comunicación, así como dificultar la concreción de tratos o acuerdos. Sería mejor no forzar acuerdos, y de ser posible evitar firmas de papeles importantes, para evitar sorpresas posteriores.

- **12 de Mayo:** Luna Llena en 22° de Escorpio. Se producirá a las 16:56 h (GMT). Para seguidores de la tradición budista este es un día muy importante, llamado Día del Wesak o Día del Buda. En el mismo, se conmemora el Nacimiento e Iluminación de *Siddhartha Gautama el Buda*. Fue en la luna llena del mes Veshaka, cuando Budha logra alcanzar la iluminación bajo la sombra del árbol de Bodhi. Este acontecimiento es el que se toma como eje del budismo, junto a la fecha de su muerte, que corresponde con la misma noche pero décadas después, a sus 80 años. La mejor forma de transitar esta energía, es recordando y practicando una idea importante de su filosofía, expresada en el Libro Dhammapada *"El odio no cesa con el odio, el odio cesa con el amor. Esta es una ley muy antigua."*

- **Desde el 13 de Mayo en adelante:** Se produce la conjunción de Saturno y Neptuno, que están a sólo 2° de distancia: Saturno en el grado 29° de Piscis, y Neptuno en 1° de Aries. Este es uno de los ciclos planetarios más importantes de este 2025, que marca la disolución de estructuras físicas, y psicológicas a nivel colectivo. Es una energía de final de ciclo y nuevos comienzos, en un área crítica del zodíaco como es el 0° de Aries, punto del equinoccio y de gran energía, símbolo del inicio del circuito de la rueda zodiacal. No se producía este aspecto desde 1989. Se mantienen en orbe de conjunción hasta Diciembre 2025 y continuará en 2026, hasta alcanzar la perfecta conjunción el 20 de Febrero de 2026.

- **Del 14 al 28 de Mayo:** Se forma un trígono entre Venus y Marte. El planeta del amor y las artes transita del grado 10° al 21° de Aries. Mientras que Marte, se moverá entre el grado 12° y 19° de Leo. Ambos, entonces, en triángulo de fuego, pueden ayudar a encontrar soluciones creativas. Despierta la naturaleza más generosa y expansiva de Marte en Leo, y puede atraer relaciones e intercambios positivos con los demás, tanto en lo personal como en lo profesional. Por supuesto que dependerá de la carta astrológica particular.

- **Del 15 al 20 de Mayo:** Sol en conjunción con Urano. Este último, posicionado en el grado 27° de Tauro, recibe al Sol. Esta influencia puede generar sorpresas, situaciones disruptivas o cambiantes. Son días donde se manifiesta mayor intranquilidad, impaciencia y disconformidad, puede producir insomnio y una sensación de contar con un "extra" de energía. Canalizada adecuadamente, esta energía impulsa a cambiar hábitos e introducir pequeñas mejoras en nuestra vida. Para quienes cumplen años (es decir tienen su Revolución Solar) en estos días, marca un año de grandes cambios repentinos.

- **Del 17 al 19 de Mayo:** La tensión entre Mercurio, cerca del grado 14° de Tauro, y Marte en Leo, le pide que piense dos veces lo que va a decir, ya que la comunicación puede tomar cauces inesperados y generar discusiones acaloradas.

- **20 de Mayo:** Ingreso del Sol en Géminis, a las 18:55 h (GMT). Los Geminianos comienzan a tener su cumpleaños y Revolución Solar. Es un año importante para Geminis, debido a que este Año Mundial es Ascendente Geminis, y que el planeta regente del año es Mercurio (planeta que gobierna Géminis).

- **Del 21 al 23 de Mayo:** Sol en armonía con Neptuno. El Sol, ya ingresado en el signo de los gemelos, forma un sextil con Neptuno (que está en 1° de Aries). Este aspecto, si bien es pasajero, estimula la capacidad creativa. Neptuno son las imágenes y estados que vienen del inconsciente, y el Sol es quien da consciencia e ilumina con su vitalidad. Por eso es favorable para actividades artísticas de nivel, tales como la música clásica o la pintura. Por otro lado, invita a estar en mayor contacto con la "inteligencia del inconsciente" (como Jung definía la Intuición) mediante la meditación, actividades religiosas y el análisis de los mensajes de los sueños nocturnos y ensoñaciones diurnas.

- **Del 23 al 26 de Mayo:** Mercurio en conjunción con Urano. Ambos planetas son considerados octavas de energía. Si Mercurio es el pensamiento lógico racional, Urano es el pensamiento intuitivo o la intuición racional. Este aspecto, favorece trabajos eléctricos o electrónicos, difusión en redes sociales, trabajos de programación, y ligados a la computación en general. Comunicaciones inesperadas con amigos, vecinos o hermanos. Favorable para estudios de astrología y ciencias en general.

- **25 de Mayo:** Saturno entra en el signo de Aries, a las 03:35 h (GMT). Este planeta había estado los últimos 2 años transitando Piscis, y no ingresaba en Aries desde el año 1996. Se quedará en el signo del Carnero, un breve período, hasta el 1° de Septiembre (cuando ingrese retrogradando a Piscis por última vez). Luego hará su entrada en Aries de manera definitiva ya en 2026. Podemos decir que, Saturno ofrece una "muestra gratis" de la influencia que dará los siguientes años en su paso por el signo del Carnero (donde se quedará hasta inicios del 2028). Dedicamos un artículo al respecto en este Anuario.

- **26 de Mayo:** Mercurio ingresa en Géminis a las 00:59 h (GMT). Aquí el planeta del pensamiento, la comunicación y del intercambio comercial, se halla en su propio signo, lo que significa que se encuentra cómodo. Puede agilizar la comunicación, los estudios y los acuerdos comerciales, siempre que esto se confirme por otros aspectos. Se quedará aquí hasta el 8 de Junio.

- **27 de Mayo**: Luna Nueva en 6° de Géminis, se producirá a las 3:02 h (GMT). Sol, Luna, Mercurio y Júpiter, todos ubicados en Géminis, marcan un mes donde la mente se llena de ideas, tendencia a la inquietud y dispersión. Géminis es un signo mutable, además de pertenecer al elemento aire, esto marca temas relacionados con movimientos migratorios, y un flujo de información frenético. El trígono con Plutón, invita a no quedarse en la actividad superficial de la mente cotidiana y a indagar en sus motivaciones ocultas, acercarse a lo desconocido. Debido al encuadramiento con Urano, puede indicar interrupciones en las comunicaciones y vías de transporte.

JUNIO

JÚPITER EN CÁNCER

Este es uno de los nuevos ingresos de este año 2025. Júpiter, luego de 1 año pasando por el signo de los gemelos, hace su entrada en Cáncer. Aquí Júpiter expande los nacionalismos, los sentimientos positivos por la propia historia local, el sentir patriótico, puede reavivar el interés por tradiciones folklóricas. Al mismo tiempo, es una oportunidad para revalorizar el Arquetipo de la Familia, que como decía Aristóteles, es la célula de la Sociedad. Si en lo personal hemos descuidado los vínculos con los padres o hijos, o si hemos experimentado problemas, podemos recibir alguna inspiración o asistencia para acercarnos más y volvernos más accesibles a los otros. Por el lado negativo, potencia las fantasías, la falta de practicidad y los excesos emocionales. La exaltación del sentir de "lo propio", puede generar demasiado recelo, creyendo que las propias creencias son mejores que las de los demás, lo que puede aumentar la violencia.

JÚPITER TENSIONADO CON SATURNO-NEPTUNO: SUPERANDO LAS FRUSTRACIONES

La cuadratura entre Júpiter y Saturno-Neptuno, estará activa desde el inicio de Junio hasta el día 23 del mes. Se hará exacta con la entrada de Júpiter en Cáncer, donde formará un aspecto de 90° con Saturno (entre 0° y 1° de Aries) y Neptuno (entre 1° y 2° de Aries). Dedicamos un capítulo a la Tensión de Saturno y Júpiter, y las restricciones sociales y económicas que puede generar. Es un momento de re-planificar y donde podemos experimentar algún tipo (o varios) de frustración. Es una fricción entre opuestos y contradictorios: por un lado el impulso Jupiteriano (y Neptuniano) de alcanzar grandes sueños y planes, y por el otro, el "baño de realidad" que impone Saturno, limitando y generando algún tipo de demora o impedimento. Recomendamos al lector, estudiar el artículo dedicado a este aspecto. A nivel físico, cuidar el hígado, puede predisponer digestiones pesadas, y por otro lado dolores reumáticos y del nervio ciático.

Marte En Virgo: Usar Los Recursos Eficientemente

Desde el 17 de Junio en adelante se produce este ingreso. Marte es la fuerza, su movimiento está ligado a una finalidad. Se expresa como Voluntad de alcanzar un propósito, o como deseos que se encienden y apagan como llamaradas. Marte como "vasallo" del Sol, dispensa su energía y la canaliza hacia obras determinadas. En Virgo, la clave es "trabajar en procura de soluciones inteligentes". La Fuerza debe unirse a la inteligencia, y a un "saber hacer". Virgo es el signo de la técnica, que es un hacer de un modo ordenado, con una finalidad. Además, representa los instrumentos de precisión que registran, pesan y miden las cosas partiendo de un criterio, de un juicio objetivo previo (o un prejuicio). Al ser Virgo un signo de Tierra, representa también energía puesta en función de la productividad, muchas exigencias a nivel laboral y una fuerte presión por obtener resultados tangibles. Augura, a nivel colectivo, decisiones y movimientos en el plano de la economía, aunque indica una energía más austera.

Yod: Encrucijadas Y Decisiones Importante Entre El 17 Y 25 De Junio

La entrada de Marte en Virgo activa un doble espectro de 150° a Plutón por un lado (en Acuario) y a Saturno y Neptuno (en Aries). Este aspecto, que se ve como si fuera una "Y", se denomina Yod. El Yod marca un desafío especial para lograr focalizar con más nitidez aquello que perjudica y obstaculiza el funcionamiento total del individuo. En este caso, fuerzas internas y externas trabajan conjuntamente para crear presiones sutiles, pero exaltadas, que se liberarán durante las crisis. Aquí, debiéramos ver dónde aspecta esta configuración sobre nuestra Carta Astral, ya que los sectores activados serán donde se manifestará la tensión. El planeta Focal es Marte, por lo que se verán impulsados a actuar de forma independiente y para su propio beneficio de manera egoísta. En líneas generales, podrá observarse a nivel global un temperamento agresivo y en apariencia seguro de sí. Las actitudes egoístas pueden ocasionar antagonismos y conflictos en las relaciones íntimas, así como en la relaciones entre dirigentes y países.

Luego, la Luna Nueva del 25 de Junio en 4° de Cáncer y el sextil a Marte en Virgo, formarán otro Yod con Plutón como punto focal. Esta configuración planetaria, marcará un mes muy intenso a nivel de los poderes mundiales, cambios, conflictos por petróleo o por el desarrollo y uso de la energía nuclear.

- **Del 2 al 6 de Junio:** Venus sextil Júpiter. Es un aspecto propicio en general para las relaciones sociales, y para tomar decisiones ligadas a temas financieros.

- **Del 4 al 6 de Junio:** Mercurio desde Géminis forma un armónico sextil con Marte. Potencia la comunicación y la actividad mental toma cauces veloces. Positivo para dar o tomar clases, publicar escritos, hacer campañas publicitarias. Fuerte impulso a comunicarse, hace girar todo tipo de informaciones. La mente no sólo está más inquieta, sino que también físicamente se puede sentir con mayor energía y necesidad de realizar actividad física.

- **6 de Junio:** Ingreso de Venus a Tauro. Se quedará aquí hasta el 4 de Julio. Aquí, el planeta de las Artes y el amor, se encuentra en su Domicilio (ya que Venus es Regente de Tauro y de Libra). Esto significa que está fortalecido aquí, se siente cómodo con la energía de tierra de Tauro, que invita a disfrutar de las cosas simples de la vida, de los afectos, de la naturaleza y de los pequeños placeres de cada día, como el alimento y la posibilidad de disfrutar de las cosas naturalmente bellas. Dependiendo de la totalidad de la carta astral de cada individuo, es una posición que invita a la amabilidad y a mantenerse fiel a sus sentimientos (que no son lo mismo que las emociones). Puede estar más atento a la parte estética, que debería ser un reflejo de la armonía interior (que es la ética) para no pecar de superficialidad. Puede querer mejorar la vestimenta, la alimentación y el cuidado del cuerpo en general. Evitar la tendencia a la pereza y el hedonismo.

- **6 de Junio:** Aniversario de la muerte del gran médico y psicólogo Carl Gustav Jung, fallecido en Suiza a los 85 años, el 6 de Junio de 1961.

- **Del 7 al 11 de Junio:** Venus en tensión con Plutón. Esta cuadratura busca dejar de lado las banalidades y superficialidades, para ir a lo esencial de los vínculos y los sentimientos. Una actitud intolerante o posesiva puede entorpecer las relaciones, evite proyectar su Sombra en los demás, viendo "la paja en el ojo ajeno y no la viga en el propio".

- **8 de Junio:** Mercurio ingresa en Cáncer. Se quedará en este signo durante 18 días, hasta su ingreso en Leo, el 26 de Junio. Los temas personales y familiares pueden acaparar nuestra atención. La comunicación y el pensamiento están más influenciados por las emociones, lo que puede dar una mayor sensibilidad y empatía, pero al mismo tiempo las emociones pueden interferir con el pensamiento lógico. La mente estará algo inestable y será según los movimientos de la Luna.

- **Entre el 8 y 10 de Junio:** formará conjunción con Júpiter y tensión con Saturno y Neptuno. Problemas en la comunicaciones, correos, encomiendas, traslados y viajes. Evitar dispersarse en chismes y noticias falsas, que son como burbujas de humo. Se desaconseja firmar papeles importantes estos días.

- **9 de Junio:** Júpiter hace su entrada en el signo de Cáncer. Había estado en Géminis, desde fines de Mayo de 2024. El ciclo de Júpiter es de casi 12 años, razón por la que se mantiene aproximadamente 1 año en cada signo. La última vez que el planeta de la expansión y la abundancia había transitado el signo del cangrejo fue entre Mayo del año 2013 y mediados del 2014.

- **Del 9 al 20 de Junio:** Fuerte tensión entre Marte y Urano. Es un aspecto excitante y disruptivo. Son días para caminar como sobre piso resbaloso, es decir con sumo cuidado y atención. Nos referimos literalmente al acto de caminar, como en general a todos los movimientos. Predisposición a accidentes, choques y problemas aéreos. Las maquinarias pueden averiarse. Extremar la atención, la calma y la paciencia sobre todas las cosas, para evitar descuidos o acciones erráticas. Para los signos fijos especialmente (Tauro, Leo, Escorpio y Acuario) son días de máxima tensión y necesidad de cuidado.

- **11 de Junio:** Luna Llena en 20° de Sagitario a las 7:44 h (GMT). Tensa e intensa lunación debido a los aspectos de estos días. Se produce junto al aspecto de gran tensión que es la Cuadratura entre Marte en Leo y Urano en Tauro (leerlo unas líneas más arriba) y la de Júpiter con Saturno. Júpiter expande estos sentimientos positivos y ayuda a nutrir proyectos creativos. Sin embargo, Urano podría alterar sus niveles de energía provocando imprudencias en sus deseos de libertad.

- **15 de Junio:** Este día se producen los aspectos exactos de tensión entre Marte y Urano, y Júpiter y Saturno. Tal como explicamos en recuadro destacado y unas líneas más arriba, estos aspectos ya vienen estando activos. Este día es el aspecto exacto. No tomar decisiones atolondradas.

- **17 de Junio:** Entrada de Marte al signo de Virgo. Se quedará en este signo hasta el 6 de Agosto. En primera instancia pueden parecer algo incompatibles estas energías. Marte representa impulso, dinamismo, audacia, no es reflexivo; mientras que Virgo es método, análisis, lógica, precisión. Positivamente, potencia el poder de voluntad de Marte al ser dirigido conscientemente hacia un objetivo analizado. Acción ingeniosa, servicial, minuciosa, práctica, con un fuerte sentido del deber. Negativamente, quita espontaneidad a la acción o actúa de forma impaciente, nerviosa. Favorece actividades técnicas, operativas, de ingeniería, o el uso de maquinarias. También iniciativas en torno al cuidado de la salud. Inicio de dieta o régimen, de rutinas de ejercicio.

- **Del 17 al 22 de Junio:** Se activa el YOD que describimos en el recuadro Destacado de este Mes.

- **19 de Junio:** Se produce la tensión exacta entre Júpiter y Neptuno. Todo este conjunto de energías, marca una fricción entre los anhelos, y las opciones reales. Genera mayor confusión entre los deseos y las necesidades. La clave estará en darse cuenta de cuáles son los deseos (que son múltiples, contradictorios y cambiantes; algunos pueden ser favorables y muchos otros nos desvían totalmente) y cuáles son las necesidades (que son pocas, siempre evolutivas y positivas: las necesidades de alimento, un lugar donde vivir, abrigo, y las necesidades psicológicas de conocimiento y afecto verdadero). Discernir entre ellas, y centrarse en satisfacer las necesidades evolutivas, y controlar las fantasías y caprichos.

- **Del 20 al 24 de Junio:** El Sol pasando por los primeros grados de Cáncer formará aspectos que activarán más los de este mes. La cuadratura con Saturno y Neptuno; y la conjunción con Júpiter.

- **21 de Junio:** El Sol entra en Cáncer a las 02:42 h (GMT). Se produce el Solsticio que marca el inicio del Invierno en el Hemisferio Sur, y el Verano en el Hemisferio Norte. Los cancerianos comienzan su temporada de cumpleaños y Revolución Solar.

- **25 de Junio:** Luna Nueva en 4° de Cáncer. Se da con una conjunción con Júpiter y un potente YOD, con Marte en 4° de Virgo, y Plutón a 150° como planeta focal (desde el grado 3° de Acuario). Esta lunación, con este aspecto de Plutón focal, implica a nivel colectivo una mayor tendencia a los extremos. Ostentaciones de fuerza militar y de poder político de grupos o dirigentes. En lo individual, el Sol, Luna y Júpiter en Cáncer, enfocan su atención en la importancia del hogar y la familia y la necesidad de crianza consciente y el sentido de pertenencia. Júpiter se eleva con confianza, esperanza y fe. Estar atento a una tendencia a excederse. El sentido de mesura de Marte podría moderar las apetencias.

- **26 de Junio:** Mercurio ingresa en el signo de Leo. Transita el signo del León durante más de 2 meses, debido a que irá retrógrado el mes próximo. En este signo de fuego, Mercurio puede producir ideas elevadas o ambiciosas. En la comunicación, predominará la franqueza, quizás con modos un poco ásperos. Puede despertar más interés por la organización en el mejor de los casos. En general, la mente se inclina por las diversiones.

JULIO

> **Urano En Géminis: Revolucionar El Pensar Y Renovar La Educación**
>
> Luego del paso durante 7 años de Urano por Tauro (desde el 2018), el planeta de los cambios repentinos ingresa en Géminis por primera vez en 84 años. Estará aquí hasta el 8 de Noviembre, para luego hacer su visita final a Tauro. Ingresará de manera definitiva en el signo de los gemelos en Abril de 2026, y se quedará allí hasta el 2032. Este es uno de los fenómenos astrológicos más importantes de este año. Una revolución de la comunicación, de la información, de la forma de viajar y moverse. Pero también, un aceleramiento que puede traer sorpresas desagradables si la mente se mueve a una velocidad tan grande pero disociada del sentido común y de los sentimientos de compasión y empatía. En ese caso, los descubrimientos científicos de las "mentes brillantes" se utilizan para destruir la vida, ya sea mediante armas o a través de elementos que alteran la Tierra, afectando la vida vegetal, animal y humana. En el sentido opuesto, es la oportunidad para muchos individuos de "darse cuenta" de la necesidad de romper viejos puntos de vista y liberarse de prejuicios propios de los siglos pasados (tales como las ideologías materialistas y racionalistas, la

creencia en un progreso sólo asociado a lo técnico). Para Estados Unidos, es un hito importante ya que este país tiene un Ascendente Géminis; y también en su carta fundacional del 4 de Julio de 1776, tienen Urano y Marte en Géminis. Fuertes cambios ideológicos y divisiones afectarán a este país. Urano puede traer rebeliones, fuertes variaciones atmosféricas, tormentas, movimientos sísmicos, tornados y huracanes. Es especial, además, que formará un trígono con Plutón casi permanente hasta Diciembre. Este aspecto estará facilitando los grandes cambios en las comunicaciones, en el manejo de la información y en la necesidad de una renovación de la educación hacia un método integral, no racionalista. Recomendamos leer el artículo completo dedicado a este tema en este Anuario.

Gran Conjunción Saturno Con Neptuno

Todo este mes continúa activa la conjunción entre estos dos planetas, que se produce cada 35 años. Seguirá activa en Agosto y parte de Septiembre. Recomendamos leer nuestro estudio dedicado a este tema en este mismo Anuario.

Mercurio Retrógrado Desde El 18 De Julio

Mercurio retrógrado puede traer demoras, retrasos e inconvenientes en la rutina diaria, en la comunicación, correos, contratos y estudios. Sin embargo, el lado positivo de este tránsito, que se da en el signo de Leo, es que, al volver la energía mercuriana hacia lo interno puede ser un buen momento para digerir impresiones de los últimos meses, reflexionar y ordenar ideas. También podría "plantar semillas" y planificar los cambios que necesita comenzar a implementar en el futuro cercano, cuando Mercurio retome su movimiento directo el 11 de septiembre. Recordemos que estamos transitando un año "Mercurial", ya que Mercurio es el Regente de este Año.

- **4 de Julio:** Neptuno comienza su marcha retrógrada. Continuará su retrogradación hasta llegar a 29° de Piscis, el 10 de Diciembre de este año.

- **4 de Julio:** Venus ingresa en Géminis a las 15:31 h (GMT) y, durante varios días, formará una serie de aspectos armónicos ideales para suavizar los vínculos, sensibilizarnos, afianzar nuestros sentimientos y dar lo mejor de nosotros. Se quedará en el signo de los gemelos hasta el 31 de Julio. Predispone una actitud más sociable y comunicativa.

- **Entre el 5 y 6 de Julio:** Venus forma un armónico sextil con Saturno y con Neptuno, pudiendo estabilizar, concretar o formalizar vínculos. Al mismo tiempo, nos sensibiliza para apreciar la belleza de las cosas simples, fomenta la ayuda a personas mayores y nos permite dar (o recibir) apoyo de personas maduras o con autoridad. Además, aporta energía para ponerse al día con trabajos pendientes y para mejorar o embellecer el entorno con pequeños detalles.

- **6 de Julio:** Es el 90° Aniversario del nacimiento del XIV Dalai Lama. El máximo referente del Budismo tibetano y Premio Nobel de la Paz, cumple 9 décadas, de las cuales dedicó los últimos 60 años a difundir la filosofía budista, bregando por la unión de la ciencia de Occidente con la Sabiduría de Oriente, y al mismo tiempo ha sido portador de un mensaje de compasión y paz para toda la humanidad.

- **Del 6 al 8 de Julio:** Venus en armonía con Plutón, desde 3° de Géminis a 3° de Acuario respectivamente. Invita a profundizar los afectos y sentimientos. Ir más allá de las apariencias en las que Venus puede quedar atrapado a veces, para verse a sí mismo y a los demás como seres fundamentalmente "sintientes", o en todo caso "senti-pensantes", y no sólo como "cuerpos físicos". Esto significa que a los seres humanos no nos define nuestra apariencia externa, sino aquellos sentimientos y pensamientos que albergamos en nuestro interior. Buena energía para perdonar y dar vuelta de página, priorizando la importancia de los buenos sentimientos. Es favorable para negocios en general.

- **7 de Julio:** Urano ingresa en Géminis. Se quedará aquí por unas semanas, hasta el 8 de noviembre cuando realice su visita final a Tauro. Formará, hasta fin de 2025, un triángulo de Aire con Plutón, que potencia esta necesidad de cambios trascendentes y profundos en el pensamiento, en las formas de comunicación y en la educación mundial. En el recuadro destacado compartimos una información, que se amplía en el artículo de este mismo Anuario.

- **10 de Julio:** Luna Llena en 18° de Capricornio. Hay un semisextil de Venus con Júpiter. Esta lunación, con el Sol en Cáncer y la Luna en Capricornio, muestra un énfasis en el hogar y la familia. Pero introduce la necesidad de crear seguridad a través del trabajo duro, por lo que habrá que armonizar la vida familiar con la vida profesional. A nivel colectivo, se ve una clara tensión entre los gobernantes y los pueblos. Pueden haber manifestaciones, motivadas por decisiones polémicas o unilaterales de parte de quienes detentan el poder.

- **13 de Julio:** Saturno comienza su retrogradación. Se moverá desde 1°56' de Aries hasta 25° de Piscis. Retomará su rumbo directo el 28 de Noviembre de este año.

- **A partir del 16 de Julio y hasta fin de mes:** Se produce la conjunción de Marte, que avanza desde 18° de Virgo, con el Nodo Sur que está emplazado este mes entre 21° y 20° del mismo signo. Es una influencia dual, ya que, por un lado el Nodo Sur opera liberando energía (en este caso, marcial), y, por otro, puede "menguar", en cierto sentido, la función planetaria de Marte (capacidad de decisión, voluntad, autoafirmación). Muchas personas frente a esta influencia se sentirán más inseguras acerca de sus metas. Si no se trabaja para aclarar las metas y se fuerzan los procesos desde la incomprensión y las emociones negativas, podría haber más accidentes o experiencias humillantes que obliguen a replantearse lo que se está haciendo. Por el lado favorable, sería una oportunidad de explorar cómo está usando su energía. Por otro lado, el Nodo Sur puede manifestar en Virgo temas colectivos de intolerancia y violencia, así como difusión de noticias ligadas a enfermedades, que pueden generar la mayor emoción negativa: miedo. Donde hay un problema, también está la solución, ya que el miedo se contrarresta con coraje y con una fuerza interior basada en una visión trascendente del ser humano.

- **18 de Julio:** Mercurio inicia su retrogradación desde los 15° de Leo y retrocederá hasta los 4° de Leo, retomando su movimiento directo el 10 de Agosto. Como solemos explicar a nuestros alumnos, esta influencia por sí misma no es mala ni buena, ya que depende del "uso" que le demos. En el sentido negativo, es posible que genere demoras e inconvenientes a nivel de las comunicaciones, traslados, viajes, correos, y actividades intelectuales. Sea cuidadoso con los papeles que firma y preste atención a los documentos y llaves, para evitar pérdidas o complicaciones por distracciones. Positivamente, puede favorecer un proceso de revisión y recapitulación, para mirar hacia atrás y corregir lo necesario a fin de volver a planificar sus objetivos. La mente se puede volver más introspectiva.

- **Del 19 al 28 de Julio:** Se mantiene una tensión entre Venus y Marte. Puede revelar conflictos entre sus valores y deseos o tentaciones que podrían desviarlo de su camino. Confusión sobre lo que quiere. Es mejor esperar antes de guiarse por decisiones impulsivas. Por el lado positivo, esta tensión puede ser creativa si lo canalizas en algo productivo. En las relaciones o finanzas, es posible que tenga que tomar la decisión de seguir adelante o quedarse con el pasado, debido a la implicación con el eje Nodal.

- **22 de Julio:** El Sol hace su ingreso al signo de Leo. Lo hará a las 13:29 h (GMT). Los leoninos comienzan su temporada de cumpleaños y Revoluciones Solares.

- **Desde el 22 hasta el 26 de Julio:** Se producen numerosos aspectos del Sol (que avanza por los primeros grados de Leo) con los 3 Planetas Transpersonales. Formará consecutivamente: sextil con Urano, trígono con Neptuno y oposición con Plutón. Quienes cumplen años por estos días seguramente estarán fuertemente movilizados a introducir importantes cambios en sus vidas, que se encuentren más alineados con sus necesidades más esenciales. Cambios en su forma de verse a sí mismos y en el modo de manifestar su identidad. En general para todas las personas, son días propicios para actividades ligadas a la vida del sentimiento y de los valores, como iniciativas religiosas, filosóficas o de la psicología profunda. Dejar de lado lo superfluo y quedarse con lo más esencial.

- **24 de Julio:** Luna Nueva en 2° de Leo. Plutón intensifica esta lunación y podría crear luchas de poder. No sólo en lo social-político, sino también en la vida personal. Esté atento a observar en usted mismo tendencias obstinadas y actitudes autoritarias, debido a complejos emocionales. Por otro lado, puede usar esta energía para descubrir su fuerza interior y sobreponerse a las adversidades que se presenten.

- **26 de Julio:** *150° Aniversario del nacimiento de Carl Gustav Jung.* Nacido en Suiza el 26 de Julio de 1875. Carl Jung diseñó un sistema de Psicología Profunda, que al mejor estilo socrático permite, a quien la estudia y practica, realizar un camino de liberación de los conflictos y autotransformación. Nuestro sentido recuerdo en agradecimiento a su gran labor.

Este día se produce un aspecto sutil, llamado *Quintil*, entre los planetas Mercurio y Urano. La serie Quintil está relacionada con los ángulos del Pentáculo, o estrella de 5 puntas, que se vincula al trabajo creativo. Fue descubierto por el gran Johannes Kepler. Es un aspecto muy inspirador a nivel de la mente profunda, no la mente cotidiana del ego. Al ser un aspecto sutil, es difícil de captar, y para funcionar a ese nivel, necesitamos estar haciendo un trabajo interior que incluya las etapas descritas en el Cuarto Camino de Gurdjieff: despertar, morir y renacer.

- **Desde el 30 de Julio y hasta el 3 de Agosto:** estos días Venus formará una tensa cuadratura con Saturno y Neptuno. Esta energía puede producir dificultad para relacionarse con los demás. Hacer un esfuerzo adicional para llevarse bien, evitar proyectar el mal en los demás.

- **31 de Julio:** Venus ingresa en Cáncer a las 3:57 h (GMT). Se quedará en este signo hasta el 25 de Agosto. En el signo del cangrejo, Venus, orienta su atención al cuidado de su familia y seres queridos. Se suma a Júpiter, ya posicionado en Cáncer (en 11°). Ambos planetas, en la astrología tradicional, eran denominados como "Benéficos". Venus era llamado el "Benéfico Menor" y Júpiter el "Benéfico Mayor". En este sentido, vale la pena observar en su carta natal qué Casa tiene en Cáncer, ya que este mes puede recibir mejoras o beneficios en esa área particular, especialmente a partir del 4 de Agosto, cuando se termina la tensión con Saturno.

AGOSTO

Gran Trígono De Aire: Marte, Urano Y Plutón

Desde inicios de Agosto, se produce una especial configuración entre Marte, Urano y Plutón. Los 3 planetas formarán un gran triángulo equilátero en los signos del elemento Aire. Cuando al menos tres planetas ubicados en distintos puntos del horóscopo y en el mismo elemento hacen trígono entre sí, la configuración resultante se denomina Gran Trígono. Esta configuración puede indicar potencialmente confianza y seguridad en uno mismo, optimismo, fluidez, inspiración, expansión del poder creativo y un sentido general de esperanza. Se considera una energía fluida y benéfica para activar proyectos intelectuales, comerciales, sociales, comunicacionales, sin obstrucciones. La clave será observar "qué es lo que permitimos que fluya", pueden ser pensamientos creativos, palabras inspiradoras; o bien, ideas sombrías, egoístas o palabras hirientes. Cuando esta energía es "mal administrada", se busca la satisfacción rápida de las ambiciones personales, las salidas fáciles y evasivas. Asimismo, puede ser muy abstracto, impráctico y reaccionar con poca resistencia a la frustración. Sin embargo, si estamos atentos y receptivos, esta configuración activa la búsqueda de una visión más amplia de nosotros mismos y del mundo que nos rodea. Al mismo tiempo de este aspecto, se produce la oposición de Marte con Saturno y Neptuno, que le dará un tono diferente, poniendo un pie en el freno a esta dinámica energética. Lo analizamos a continuación.

Marte En Tensión Con Saturno Y Neptuno

Es un aspecto contradictorio que durará del 2 al 13 de Agosto, siendo el aspecto exacto el 9 de este mes. Marte desea acción (y el gran trígono de aire lo aviva y motiva), pero Saturno (de tierra) y Neptuno (de elemento agua) pueden apagar o empantanar esas iniciativas. La pregunta es: ¿Cómo hallar la acción equilibrada, que encuentre el justo medio? ¿Cómo evitar acciones excesivas, guiadas por fantasías? ¿Qué hacer para no caer en la inacción e indecisión? Conociendo estas energías en danza será más fácil tener presente el "justo medio" como meta. Auto-observándonos, haciendo un chequeo mental de nosotros mismos, podemos tener mayor registro de nuestras acciones. Cuantas más herramientas tenga usted en su haber, más fácil será. La Psicología Profunda de C. G. Jung y el Cuarto Camino de Gurdjieff (que enseñamos en la Escuela Aztlan), son esenciales para llevar adelante esta práctica, que también fuera llamada en la filosofía de la India, el "Karma Yoga", es decir "Yoga de la Acción". De ese modo, como equilibristas en la cuerda, en movimiento cuidadoso, buscaremos el equilibrio. En lo cotidiano, conduzca con cuidado; evite caídas, tropiezos y sobrecargas de peso que puedan entorpecer sus movimientos. En el libro de las Mutaciones de la antigua Sabiduría taoísta, se dice lo siguiente en relación a ese fino equilibrio entre acción y detenimiento: "La verdadera quietud consiste en mantenerse quieto una vez llegado el momento de mantenerse quieto, y en avanzar una vez llegado el momento de avanzar. De esta manera quietud y movimiento están en concordancia con los requerimientos del tiempo, y así hay luz en la vida".

Sextil Entre Los Gigantes Urano Y Neptuno

Si bien este aspecto estará presente todo el resto del 2025, y parte del 2026, en el mes de Agosto (más exactamente el 28 y 29) formará un sextil exacto. Marcará sutiles y trascendentes cambios de la consciencia colectiva. Los nacidos en este período son portadores de nuevos vientos de cambio para la Humanidad en el campo científico e ideológico. La brisa del humanismo, se comienza a sentir con más fuerza en pequeños grupos de vanguardia, que impulsan los cambios de las próximas décadas. El descontento psicológico y social es otra manifestación de este aspecto, que impulsa a buscar un Sentido más profundo a la vida. Carl G. Jung decía que todo ser humano debe encontrar "su propio Mito", con lo que quería expresar que el alma necesita buscar su propósito y significado.

- **1° de Agosto:** Se produce la cuadratura exacta entre Venus (en 1° de Cáncer) y Saturno-Neptuno (en 1° de Aries). El aspecto ya estaba dando influencia desde el 20 de Julio y seguirá hasta el 3 de Agosto. Puede dificultar el intercambio de afecto y las relaciones en general. Es un aspecto pasajero, no se deje dominar por emociones negativas. Lo importante son los sentimientos y valores duraderos; ya que, al mismo tiempo, hasta el 3 de Agosto, Venus forma un quincunce (150°) con Plutón.

- **Desde el 2 hasta el 13 de Agosto:** Marte, avanzando en el final de Virgo, empieza a formar la Oposición (180°) a Saturno y Neptuno, ambos ubicados en 1° de Aries. La oposición genera contradicción entre 2 tendencias contrapuestas que necesitan encontrar una complementación, de lo contrario, produce una escisión o quiebre. Mecánicamente, este aspecto genera violencia, ya que se quiere imponer el deseo sobre otros, o bien se encuentra un freno externo que impide el deseo, lo que produce enojo y frustración. Cuidado con caídas, ya que predispone a accidentes. Marte es el acelerador y Saturno el freno, y nosotros, como todo buen conductor, necesitamos hallar un uso equilibrado entre ambos. Las tensiones entre Marte y Saturno requieren mayor cuidado en el manejo de maquinarias, así como de automóviles. Puede haber problemas con la autoridad. Psicológicamente, manejar la ira y la frustración para evitar conflictos. A nivel de salud, puede aumentar los síntomas reumáticos a personas con esta predisposición. El aspecto exacto se produce el 9 de Agosto. Los efectos más tensos, son para los signos mutables: Geminis, Virgo, Sagitario y Piscis.

- **Desde el 5 hasta el 15 de Agosto:** Se forma el Gran Trígono de Aire entre Marte (a punto de ingresar en Libra), Urano (en Géminis) y Plutón (en Acuario). Es una energía fluida y potencialmente creativa e inspiradora, puede ver más información en el recuadro destacado del mes. El aspecto exacto del trígono entre Marte y Urano será el 8 de Agosto.

- **6 de Agosto:** Marte ingresa en Libra. Se quedará en este signo hasta el 22 de Septiembre. Esta posición indica que, a nivel individual, la voluntad física y la capacidad de decisión están fuertemente afectadas por las relaciones sociales. Potencial para dirigir las iniciativas con tacto y de manera orientada hacia el equilibrio y la equidad. La satisfacción de sus deseos puede verse obstaculizada por la duda que se deriva de sopesar todas las alternativas. A nivel mundial, al ser Libra el Signo de la Justicia y la Paz, entrando Marte (planeta de la Guerra), puede agitar la diplomacia global, generando controversias y tensiones crecientes en las relaciones internacionales.

- **6 y 9 de Agosto:** Se cumple el 80° Aniversario del lanzamiento de las bombas atómicas sobre las ciudades de Hiroshima y Nagasaki, Japón. Este trágico evento, en el que murieron alrededor de 250.000 civiles, marcó un hito en la historia de la humanidad, y es un recordatorio del grave peligro del uso de armas nucleares.

- **8 de Agosto:** Se produce el trígono exacto entre Marte en Libra y Urano en Géminis. Es un aspecto fluido y muy dinámico, en los signos de Aire, que imprime velocidad a las acciones e impulsos. Enciende el deseo de liberarse de restricciones, de actuar de manera autónoma y sin interferencias de los demás, por lo que es importante medir qué efecto tendrán las acciones antes de iniciarlas.

- **9 de Agosto:** Luna Llena en 17° de Acuario.

- **Del 9 al 15 de Agosto:** Venus y Júpiter se alinean en Cáncer formando una conjunción, alrededor del grado 14 de este signo. En el sector de su carta donde caiga este aspecto, será allí donde pueda experimentar algún beneficio. Es un aspecto muy armonioso para la vida afectiva y familiar. Favorece el intercambio de sentimientos y la generosidad, generando una confianza que motiva la calidez y el espíritu de querer compartir con otros. Son días favorables para actividades artísticas y culturales; también posibilita beneficios financieros (aunque lógicamente, hay que verlo en cada carta astrológica individual). En síntesis, es un aspecto benéfico, que ayuda a contrarrestar, en parte, las tensiones de las que hablamos en párrafos anteriores.

- **10 de Agosto:** Se produce el trígono exacto entre Marte y Plutón. Ambos planetas son octavas de energía, se potencian para llevar adelante acciones innovadoras y trascendentes. Ambición y capacidad de "renacer fortalecidos" de las cenizas. Leer más de este aspecto en el destacado de este mes "Gran trígono de Aire: Marte, Urano y Plutón".

- **Del 10 al 22 de Agosto:** Sextil entre Marte y Mercurio. Lo especial de este aspecto es que se mantiene durante más de 10 días y se dará 2 veces de manera exacta: el 15 y el 18 de Agosto. Esto sucede debido a que Mercurio deja su retrogradación y se mueve extremadamente lento, al punto de tener una velocidad igual a la de Marte, por lo que literalmente "se mueven juntos" en una danza coordinada. Marte lo hace desde Libra y Mercurio desde Leo. El aire aviva el fuego, por lo que facilita el trabajar para sacar adelante una idea y ponerla en práctica. Las actividades educativas, comerciales, publicitarias y las publicaciones, especialmente aquellas que requieran una expresión enérgica y concreta, pueden ser facilitadas. Puede ser más enérgico y asertivo en la comunicación, siempre y cuando no se exceda en su vehemencia. Brinda seguridad y dinamismo al mismo tiempo.

- **11 de Agosto:** Mercurio deja su período de retrogradación y comienza su marcha Directa desde 4° de Leo. Este cambio de polaridad Mercurial contribuye a poner en marcha y destrabar trámites, diligencias, envíos y acuerdos comerciales. La comunicación puede fluir de manera más abierta (en comparación con los últimos 21 días, en los que estuvo retrógrado); a su vez puede facilitar la concentración en estudios y trabajos intelectuales.

- **22 de Agosto:** Ingreso del Sol en el signo de Virgo, a las

20:34 h (GMT). Comienzan a tener su cumpleaños y revoluciones solares los virginianos.

- **23 de Agosto:** Luna Nueva en 0° de Virgo. Forma un Yod entre el Sol y la Luna, que se posicionan a 150° grados de Saturno y Neptuno, y a 150° de Plutón. Esta configuración sucede cuando al menos dos planetas están a sextil entre sí (en este caso Saturno-Neptuno y Plutón) y ambos marcan un quincuncio a un tercer planeta (Sol-Luna en Virgo), creando una gran «Y» en la carta. En una carta natal, el Yod marca un desafío especial para lograr focalizar con más nitidez aquello que perjudica y obstaculiza el funcionamiento total del individuo. En este caso, fuerzas internas y externas trabajan conjuntamente para crear presiones sutiles pero exaltadas que se liberarán durante las crisis. Aquí, debiéramos ver cómo aspecta esta configuración a nuestra Carta Astral, ya que los sectores activados serán donde se manifestará la tensión y el impulso al cambio. Al coincidir la Luna Nueva con una cuadratura (aspecto de máxima tensión) con el "revolucionario" Urano, marca un mes donde habrá tensiones en las relaciones de poder, y manifestaciones populares exigiendo cambios a los dirigentes.

- **25 de Agosto:** Venus hace su entrada en el signo de Leo. Ingresará a las 16:27 h (GMT). Se quedará en este signo hasta el 19 de Septiembre. Aquí el planeta del amor, la armonía y el placer se encuentra en una posición fuerte. La tendencia, especialmente para quienes tengan predominio de los signos de fuego, será a expresar el afecto con más calidez y entusiasmo en este período. Exalta la necesidad de reconocimiento. Oportunidad para darse con más generosidad en los vínculos, también de aprender más acerca del valor de la lealtad y de la fidelidad. El orgullo y el deseo de ser el centro de atención, pueden ser obstáculos a superar.

- **25 al 28 de Agosto:** Se forman una serie de aspectos de Venus, que, si bien duran poco, serán una oportunidad de revelar nuestros sentimientos y valores más profundos. La oposición con Plutón busca dejar de lado la superficialidad para centrarse en lo verdaderamente esencial de los vínculos, los afectos. Si no somos capaces de canalizar esta energía, podemos reaccionar con intolerancia y resentimiento, viendo la paja en el ojo ajeno, pero no la viga en el propio. Por otro lado, el trígono con Neptuno y Saturno puede dar inspiración y la capacidad de manifestar nuestra sensibilidad y apoyo a personas de nuestro entorno que lo necesitan.

- **28 y 29 de Agosto:** Se forma el aspecto exacto (perfecto o partil, como se llama en el lenguaje astrológico) de 60° entre Urano y Neptuno. Ambos planetas son lentos y se mantienen mucho tiempo en este aspecto, desde Julio 2025 hasta el 2026. Lo importante es que este día se produce sin ningún orbe o margen: Urano en 1°26' de Géminis y Neptuno en 1° 26' de Aries. Marcando, a nivel colectivo, oportunidades para el crecimiento interno y espiritual (es decir, en los valores humanos, a nivel del sentir y el pensar). Interés por el misticismo y por la astrología. Desde el Inconsciente Colectivo, este aspecto impulsa esa necesidad de tener una comprensión más vasta de la vida y del universo. Esta fuerte impronta se manifestará negativamente en un aumento de las evasiones, los trastornos de ansiedad, el uso de drogas y el abuso de la tecnología, que se vuelve una adicción.

- **Desde el 30 de Agosto y hasta el 10 de Septiembre:** Se forma la cuadratura entre Marte (posicionado en el segundo decanato de Libra) y Júpiter (ubicado en el segundo decanato de Cáncer). Este es un aspecto dinamizante, ya que ambos planetas comparten la naturaleza del fuego. Júpiter expande las cualidades marciales. Al formar la tensión con Júpiter, la tendencia será a excesos, y tal como afirma el axioma griego de "nada en demasía", podemos observar cómo el exceso de algo positivo puede llevar a lo negativo. Por ejemplo: exceso de coraje se transforma en temeridad (no medir los peligros objetivamente), el exceso de voluntad sería el voluntarismo que cree que todo depende de sí mismo y nada más. A lo largo de estas 2 semanas, puede haber "errores de juicio" que llevan a acciones equivocadas, esto se puede contrarrestar reflexionando más antes de actuar, la próxima entrada de Mercurio a Virgo puede asistir a la función del pensar. A nivel de la salud, tendencia a las inflamaciones, fiebres y a los problemas hepáticos. Quienes tengan hipertensión, es recomendable que estos días lleven más controles para evitar subidas de la presión arterial. A nivel general, se precisa conducir con mayor precaución, no se recomienda usar fuegos y productos inflamables extremando los mecanismos de seguridad.

SEPTIEMBRE

Tensión entre Marte y Júpiter hasta el 10 de Septiembre

La cuadratura entre estos planetas inicia el 30 de Agosto, seguirá hasta el 10 de Septiembre en Orbe de influencia. El aspecto exacto será el 5 de Septiembre, en los grados 18° de Cáncer (donde está Júpiter) y Libra (donde está Marte). En estas semanas la actividad se puede volver exagerada. Este tránsito requiere ser moderado y actuar con cautela porque la tentación es hacer algo arriesgado, aventurado o imprudente. Existe una propensión a involucrarse en negocios que no son éticos. Analice bien las cosas para no quedar envuelto en algo que pueda perjudicarlo. No es un buen período para comprar un automóvil o maquinaria. Conviene esperar unas semanas a que este aspecto termine. Sin embargo, canalizada correctamente, esta tensión puede ofrecer entusiasmo y coraje para acometer una tarea ardua, ya que pone en movimiento una fuerte energía.

Triángulo de Aire: Una Brisa para Ver el Lado Positivo de las Crisis

En un contexto de tensas energías, este gran trígono de Aire puede traer una leve brisa fresca para aliviar los "sofocos marciales". El 18 de Septiembre con la entrada de Mercurio en Libra se producirá un Gran Triángulo entre Urano en Géminis, Mercurio en Libra y Plutón en Acuario. Es una configuración astrológica sutil y muy veloz de captar, ya que estará activa del 18 al 20 de Septiembre. Sin embargo, representa una oportunidad especial para mejorar la comunicación, los estudios y las actividades ligadas al intercambio de bienes y servicios. Este armónico equilibrio sirve para poner en marcha ideas creativas, seminarios o clases de temas de investigación o científicos. Favorece actividades relacionadas a la astrología, la programación y la electrónica.

Luego, entre el 22 y el 25 de septiembre, con el ingreso del Sol en Libra, se formará un nuevo gran triángulo de aire, repitiendo una in-fluencia similar, pero con una connotación más orientada a lo social, a los vínculos y a la puesta en marcha de proyectos creativos en general.

Del 16 al 29 de Septiembre: El Peligro de No Dominar la Sombra

El aspecto de Marte cuadratura con Plutón, se dará durante unos 13 días de este mes: desde el 16 de Septiembre hasta el 29. El aspecto exacto de 90° grados será el 24 de Septiembre. Marte ingresa el 22 de Septiembre en Escorpio, su signo de regencia, donde se halla muy fuerte, con lo cual esta tensión tiene el agregado particular de que Marte estará con todo su potencial transformador, propiciando acciones intensas y algo extremistas de las que habrá que precaverse. Marte se moverá con ese ímpetu de "todo o nada" tan característico del signo del escorpión. Positivamente son acciones transformadoras, impulso para dar cierre a un tema inconcluso y coraje para enfrentar un miedo que nos acecha. Sin embargo, a nivel colectivo, predominará una tendencia mecánica que se expresará a través de bronca, enojo e intolerancia, ya que, en lugar de transformarse a sí mismo, es más común que la persona proyecte el mal hacia afuera, intentando "cambiar a los demás". Marte cs la afirmación de la identidad y la voluntad en acción. Plutón es la voluntad transformadora y el compromiso con el cambio. Ambos tienen que ver con el liderazgo y con el ejercicio del poder. En tensión, pueden significar violentas acciones del poder, aceleramiento de campañas bélicas, envío de armas, las potencias "mostrando su músculo". Por otro lado, para tener en cuenta en el desarrollo geopolítico mundial, Plutón también rige el petróleo y la energía nuclear. Volviendo a lo individual, a nivel físico, los temas de salud que esta energía puede inervar, dependiendo de cada carta individual, son: problemas prostáticos, del aparato genitourinario y del intestino grueso. Tenga en cuenta, en lo personal, que con esta energía explosiva una discusión o tensión puede salirse fácilmente de los caudales "normales", y derivar en una crisis profunda. Piense muy bien antes de actuar. La Sombra estará acechando estos días y "el diablo meterá la cola" si caemos presos de los impulsos animales o de las emociones negativas. Evitar reacciones temerarias o autodestructivas, no exponerse a situaciones de peligro y tomar medidas de seguridad adicionales al conducir automóviles o maquinarias.

- **1º de Septiembre:** Saturno retrógrado ingresa en Piscis. Luego de su breve paso por Aries, el "Señor del Karma" hará su visita final a Piscis, donde se quedará los próximos 5 meses, hasta el 14 de Febrero del año 2026. Saturno ahora ha regresado a Piscis, aunque todavía está en conjunción con Neptuno en Aries, cualquier cosa nueva que haya comenzado durante esta conjunción cuando los planetas estaban en Aries, es posible que deba ser revisada en los próximos meses. Puede que experimente algún tipo de desilusión donde las estructuras se disuelven o las ideas resultan inviables, o puede que simplemente necesite hacer una pausa y reconsiderar sus planes.

- **Hasta el 10 de Septiembre:** Continúa el aspecto de tensión entre Marte y Júpiter. Recomendamos al lector leer el texto de referencia, en la entrada correspondiente al 30 de Agosto (momento en el cual comenzó el orbe de esta energía). La cuadratura exacta será el 5 de Septiembre.

- **Del 1º al 4 de Septiembre:** Mercurio en tensión con Urano. Esta cuadratura (90° grados) se da entre dos planetas que son considerados Octavas. Esto significa que presentan una energía análoga pero operativa en dos niveles distintos. Mercurio es la inteligencia racional y Urano la intuición racional. A nivel colectivo, dificulta las telecomunicaciones, caídas de la red de electricidad, cortes de internet o caída de redes sociales, problemas energéticos y aparatos que se descomponen en el hogar. En lo individual, dificulta la comunicación por precipitación, ideas excéntricas y nerviosismo. Mantener la calma y ser paciente. No es un buen día para transacciones virtuales.

- **Del 1º al 4 de Septiembre: Se forma un Yod con Mercurio como planeta Focal.** Mercurio se distancia a 150° de Saturno-Neptuno, y a 150° de Plutón. Esta configuración sucede cuando al menos dos planetas están a sextil entre sí (en este caso Saturno-Neptuno y Plutón) y ambos marcan un quincuncio a un tercer planeta (Mercurio en Virgo), creando una gran «Y» en la carta. En una carta natal, el Yod marca un desafío especial para lograr focalizar con más nitidez aquello que perjudica y obstaculiza el funcionamiento total del individuo. El cruce de caminos puede señalar la necesidad de tomar decisiones basadas en el principio mercurial, que al modo Virgo, deben ser prácticas, basadas en realidades tangibles, y, al mismo tiempo, beneficiar a los demás y no solo a uno mismo. Las tensiones nerviosas y el exceso de sobrecarga mental pueden manifestarse con **más asiduidad estos días.**

- **2 de Septiembre:** Entrada de Mercurio a Virgo. Se quedará aquí hasta el 18 de Septiembre. En Virgo, el planeta del pensamiento y la comunicación, se halla en su Domicilio, y también en Exaltación, lo que lo hace especialmente fuerte, es decir está "en su salsa". Esto favorece a las actividades analíticas, ayuda especialmente a aquellos proyectos y actividades que sigan una lógica racional, ordenada y práctica al mismo tiempo (recuerde que Virgo es un signo de Tierra). Ahora se puede focalizar en los detalles y en perfeccionar sus proyectos al ver cosas que antes simplemente no percibía. Poner la mente al servicio de otros, es decir, estar atento a aquello en lo que se puede ser útil y hacer un aporte humilde, esto será otra de las cualidades posibles a aprovechar. Negativamente, propende el escepticismo y las tendencias hipocondríacas.

- **6 de Septiembre:** Urano se vuelve retrógrado. Seguirá retrogradando hasta Febrero 2026.

- **7 de Septiembre: Eclipse Total de Luna y Luna Llena en 15° de Piscis. Se producirá a las 18:09 h (GMT).** Será principalmente visible desde el hemisferio oriental. En África y Europa se podrá ver al atardecer, mirando hacia el este, mientras que en Nueva Zelanda, Australia y Japón será visible al amanecer.

- **Del 9 al 15 de Septiembre:** El Sol y Mercurio en Virgo forman un armónico sextil con Júpiter entre el grado 19° y 20° de Cáncer. Es un buen período para progresar en proyectos profesionales. Puede facilitar el establecimiento de contactos con personas importantes y favorecer una comunicación efectiva en reuniones, entrevistas y relaciones comerciales o intelectuales. Es tiempo propicio para el manejo de asuntos legales y financieros. Impulso de optimismo y de crecimiento. Júpiter tiene una función compensadora en Astrología, esto significa que nos lleva a buscar aquello que "nos falta", impulsa la necesidad de alcanzar aquellos conocimientos, virtudes o capacidades que aún no poseemos, pero que están en latencia. El aspecto exacto será el 12 de Septiembre.

- **Del 10 al 17 de Septiembre:** oposición de Marte con Quirón (posicionado en 25° de Aries). Pone en relieve la herida que necesitamos sanar, dependiendo de la Casa de nuestra carta natal en la que tengamos ubicados estos planetas en tránsito. Marte se mueve entre el grado 23° y 28 de Libra, formando esa oposición de 180° a Quirón (el sanador herido) que está en el signo opuesto de Aries. Por ejemplo, para los Ascendentes Aries y Libra, la herida a sanar tiene que ver con su Yo y sus Relaciones o Socios. Para los Ascendentes Capricornio y Cáncer, será en el ámbito de su Hogar y Profesión, esto puede verse sobre la carta natal de cada uno.

- **12 y 13 de Septiembre:** Sol en conjunción con Mercurio en 19° de Virgo. Mercurio es el satélite del Sol, por lo que nunca se aleja más que 28° del mismo. Tradicionalmente, a este aspecto se lo ha llamado "combusto". La brillantez del Sol, puede obnubilar la capacidad de análisis objetivo, dando un punto de vista muy cerrado o subjetivo. Sin embargo, se encuentran numerosas excepciones a la regla, donde este aspecto puede brindar a la mente una cualidad luminosa y visionaria. Al ser un aspecto pasajero, lo más importante es ver qué sector activa de nuestra carta natal.

- **Del 16 al 17 de Septiembre:** Mercurio en oposición a Saturno. Obstáculos y situaciones confusas en la comunicación, trámites, correos o incluso en cuestiones relacionadas con llaves. En los diálogos, la torpeza o falta de tacto, de los interlocutores predispone a los malentendidos. Sin embargo, puede dar forma a sus ideas y ayudarle a trabajar duro para alcanzar sus ambiciones. Podría traer el éxito o el fracaso de lo que ha estado trabajando, dependiendo de cuán realistas hayan sido sus objetivos. Este es un tiempo para cosechar lo que han sembrado, tanto lo bueno como lo malo, y continuar trabajando para consolidar los proyectos que van bien.

- **18 de Septiembre:** Mercurio ingresa en Libra. Se quedará en este signo hasta el 6 de Octubre. La función del pensar adquiere en este signo de aire una aptitud para sopesar, comparar y tener en cuenta los distintos puntos de vista. Es una oportunidad para que la comunicación permita allanar las diferencias, ya que prioriza la armonía. Favorece actividades literarias, poéticas y diplomáticas. En el sentido negativo, da hipocresía, falta de sinceridad y dudas que dificultan la toma de decisiones. Se forma un Gran triángulo de Aire entre: Mercurio en 0° de Libra, Plutón en Acuario y Urano en Géminis. Lo describimos en el recuadro de Aspectos Destacados del Mes.

- **19 de Septiembre:** Venus entra en el signo de Virgo a las 12:39 h (GMT), y transitará este signo hasta el 13 de Octubre, cuando entre en Libra. Aquí la capacidad de servir y ser útil proporcionará satisfacción. En este momento, para sentirse cómodo y en armonía, necesitará usar el sentido común y mantener un espíritu práctico. Pueden surgir inconvenientes en los vínculos si se pone quisquilloso y se excede en críticas sobre cosas triviales.

- **Del 19 al 21 de Septiembre:** Yod entre Marte, Venus y Neptuno-Saturno. Es un aspecto energético que traerá una necesidad de revisar las relaciones, especialmente las de pareja, planteando la necesidad de llevar el vínculo a un nuevo nivel de profundidad y compromiso (que es lo que "piden" Saturno y Neptuno a los más sensuales y pasionales Venus y Marte). Esto significa que las relaciones que sólo se basen en la búsqueda de la satisfacción del propio egocentrismo tenderán a mostrar su lado débil. Por eso, existe la posibilidad de rectificar y llevar la relación a un nivel mayor de madurez y comprensión. "El entendimiento es Amor" reflexionaba Thich Nhat Hanh acerca de lo importante que es hacer el esfuerzo por comprendernos los unos a los otros, lo que implica un claro sentimiento de afecto y cooperación.

- **Del 19 al 29 de Septiembre:** La tensión entre Marte y Plutón marcará estos días. Lo describimos en detalle en el recuadro destacado del Mes. El aspecto puede empezar a dar efectos días antes también.

- **21 de Septiembre: Eclipse Parcial de Sol y Luna Nueva en 29° de Virgo.** Los eclipses son lunaciones más fuertes. En este caso, activa el Gran trígono de Aire que trae una brisa que refresca a nivel de las ideas, de la vida social y de la creatividad (recomendamos leer en Recuadro destacado del Mes sobre este trígono). Plutón puede brindarle un sentido más profundo de propósito y pasión para hacer los cambios necesarios y poner en forma sus ideas creativas. Al mismo tiempo, se produce en el contexto de la oposición del Sol con Saturno, que indica enfrentamiento con la autoridad, liderazgos débiles y a contramano de los pueblos. Algunos líderes pueden reaccionar tratando de esconder su debilidad, mostrándose como "aparentemente" fuertes y adoptando medidas o discursos autoritarios. En lo personal, puede dar enfrentamientos con figuras de autoridad, tales como jefes, padres o instituciones. Es posible que usted sea desafiado a enfrentar la realidad de sus metas y ambiciones, lo que puede implicar dejar ir lo que no funciona mientras se trabaja duro para mantener lo que sí funciona. Podría experimentar un período de baja energía.

- **22 de Septiembre:** El Sol entra en Libra a las 18:19 h (GMT). Se produce el Equinoccio que marca el inicio de la Primavera en el Hemisferio Sur (y del Otoño en el Hemisferio Norte). Los Librianos inician su temporada de cumpleaños y de Revolución Solar.

- **22 de Septiembre:** Marte ingresa en Escorpio a las 07:54 h (GMT). Se quedará en este signo hasta el 4 de Noviembre. Esta es una de las posiciones más fuertes de Marte, debido a que se halla en su signo regente. Recordemos que Marte es planeta gobernante de Aries y también de Escorpio (signo que además tiene de co-regente a Plutón). Por ello, augura un período de fuertes iniciativas impulsadas por intensos deseos de alcanzar los propios propósitos. Esto lo veremos tanto a nivel personal, como a nivel social y político. En esta última área se intensifican las intrigas y luchas de poder.

Predispone a accidentes que producen cortes e incendios, por lo que se recomienda extremar precauciones en la manipulación de sustancias inflamables. En lo personal, se necesita canalizar adecuadamente estas energías, que pueden brindar una actitud más firme y voluntariosa para defender a los suyos y trabajar en mejorarse a sí mismo y obtener sus metas. El peligro sería posicionarse en una actitud obstinada y compulsiva que puede llevar a la violencia.

- **24 de Septiembre:** Se da el aspecto exacto (partil o perfecto) entre Marte en 1° Escorpio y Plutón en 1° de Acuario (descrito en el recuadro destacado como "El Peligro de dominar la Sombra"). Además, el Sol estará en trígono con Plutón y con Urano, formando el Trígono de Aire. Este nos puede mostrar que, a través de las ideas humanistas, la comunicación, la cooperación y la creatividad, es posible dominar el lado sombrío del aspecto entre Marte y Plutón.

- **30 de Septiembre:** Se forma un aspecto de cuadratura entre Mercurio, posicionado en 20° de Libra, y Júpiter, ubicado en 22° de Cáncer. Ambos son signos cardinales orientados hacia una meta. En el caso de Libra, Mercurio allí aspira a ser equilibrado en sus juicios, a ser justo en sus decisiones. Trata de armonizar las diferencias y de pulir las asperezas. Por otro lado, Júpiter en Cáncer se moviliza a buscar ese ideal de bienestar en el hogar, en la familia o en la vida interior, compensando carencias en los vínculos familiares, volcando su cuidado y nutrición sobre hijos o padres. O también, dedicándose a algún estudio religioso o psicoterapéutico. Estos días será necesario evitar la tendencia a la exageración en la forma de comunicar ideas. Se despierta el deseo de llevar adelante grandes planes, pero a veces se pierde de vista un criterio realista, o bien se descuidan los detalles. En los negocios o en las compras importantes preste más atención a la "letra chica" para evitar decepciones.

OCTUBRE

Del 6 al 19 De Octubre: Plutón Descarga su Potencia Explosiva

Del 6 al 19 de Octubre Plutón estará estático antes de volverse directo el 14 de Octubre. Esto sucede sólo una vez cada año. Cuando un planeta transpersonal como es Plutón, luego de estar en modo retrógrado durante varios meses (como en este caso fue desde principio de Mayo 2025), retoma su marcha directa, es de esperar una gran precipitación de eventos que se irán descargando en las siguientes semanas. La razón detrás de este fenómeno es que, al entrar un planeta en su fase retrógrada, introvierte sus energías, algo comparable a lo que hacemos al cargar la batería de nuestro teléfono celular cada noche. No lo usamos durante varias horas, está relativamente inactivo y tomando la energía necesaria para su posterior uso. En este caso, aunque, como toda analogía, no sea exacta, resulta útil para visualizar este proceso en el que Plutón, tras recargarse, comienza a desplegar su potencial. A modo de ejemplo, citaremos los 2 últimos años. En el 2023, el momento que Plutón estuvo estático a directo (y en cuadratura con Marte que estaba en Libra), coincidió con los ataques que reactivaron la guerra en Medio Oriente. En 2024, el día que Plutón fue directo, el cometa Tsuchinshan tocó su punto de acercamiento máximo a la Tierra. Plutón es considerado en Astrología, un "embajador de la galaxia", por lo que esta coincidencia es significativa. Se trata de un cometa procedente de la Nube de Oort que tuvo su mayor aproximación a la Tierra el 12 de octubre de 2024 y fue observable a simple vista desde todo el mundo. En astrología esotérica los cometas son como "emisarios" del Sol, portadores de nuevas energías que "fecundan" la Tierra. Plutón, que en la Mitología era Hades, Dios del mundo subterráneo, representa un emerger de una potencia que puede ser destructiva o regeneradora. Siempre es intenso en sus manifestaciones, de allí su asociación con lo explosivo, la energía atómica, la industria petrolífera, y a nivel social con los motines, las mafias y la plutocracia entre otras cosas. En lo personal Plutón representa esa parte de nuestra psique inconsciente, ya que trabaja en los niveles más profundos y subterráneos del ser. Pero su acción es inexorable y, a veces, hasta despiadada en el cumplimiento de sus metas últimas. Cuando Plutón está retrógrado detiene el desarrollo externo de la Casa que transita (aunque con la mayor sutileza), y nos fuerza a focalizarnos allí donde hemos fracasado en regenerarnos convenientemente durante los tránsitos previos del planeta. Rara vez somos conscientes de este hecho cuando sucede, y cuanto más perceptivos seamos de lo que nos ocurre, menos nos sacará de quicio este tránsito.

Este movimiento se da en el primer Decanato de Acuario (en 1° del signo) por lo que le recomendamos revisar qué tipo de influencia le está indicando a nivel personal sobre su Carta Natal, a fin de lograr el proceso evolutivo indicado por este planeta.

GRAN CONFIGURACIÓN DE VENUS: LA INTELIGENCIA DEL SENTIR
Entre el 12 y 15 de Octubre se produce una serie de aspectos notables de Venus con los planetas transpersonales (Urano, Neptuno y Plutón). Venus se asocia con la Función del Sentimiento, que posee un poder cognoscitivo, ya que el sentimiento puede orientarme sobre el verdadero valor de las cosas, las personas y los procesos. Los Planetas Transpersonales representan ese aspecto más sutil y profundo de la Mente, lo Inconsciente, es por ello que colectivamente hablando esta configuración puede pasar desapercibida. Sin embargo, este "Gran triángulo de Aire" entre Venus entrando en Libra, Urano en Géminis y Plutón en Acuario (al mismo tiempo que se produce la alineación con Neptuno), puede ser un "obsequio" del Universo para conocer más acerca de nuestros reales y profundos sentimientos. Es un armonioso triángulo equilátero entre los 3 Signos del Elemento Aire, que si bien es pasajero, puede estimular positivamente la creatividad, favorece actividades sociales y mejora el estado de ánimo general. También forma una oposición con Neptuno, ambos planetas son octavas de energía y se asocian con el mundo de los sentimientos. Bajo este estímulo el sentimiento puede estar más presente y operar como una brújula que oriente la acción correcta. O bien, en caso contrario, si esta sensibilidad se expresa de modo elemental, como fantasías y emociones negativas, será como una brújula averiada que nos desvíe o desoriente.

Crear las Oportunidades y un Refugio: Del 23 al 31 de Octubre

A partir del 23 de Octubre y hasta el 31 del mes se forma un "Gran triángulo de Agua" entre Marte y Mercurio en Escorpio; Saturno en Piscis (26° grados) y Júpiter en Cáncer (24° grados). Cuando al menos tres planetas ubicados en distintos puntos del horóscopo y en el mismo elemento hacen trígono entre sí, la configuración resultante se denomina Gran Trígono. El Gran Trígono puede indicar potencialmente confianza y seguridad en uno mismo, optimismo, sentido del placer, fluidez, inspiración, expansión del poder creativo y un sentido general de estar amparado debido a la fe interna ya la esperanza. Por estos motivos la astrología tradicional ha considerado al Gran Trígono como una influencia altamente beneficiosa. Sin embargo, demasiados trígonos en el horóscopo pueden reflejar un temperamento auto indulgente que evita la disciplina o intenta ignorar las responsabilidades de la vida. Este aspecto puede traer algo de alivio ya que se busca un refugio del Alma o Emocional. Es importante contar con espacios que nos permitan pausar la frenética actividad y el constante bombardeo de información que recibimos a diario, buscando un refugio donde podamos asimilar y procesar nuestras experiencias. El arte, la psicología profunda, las actividades religiosas, la meditación y la "común-unión" con seres queridos pueden ser esos refugios necesarios de los que hablamos. Este trígono aspira a nutrirse y nutrir a otros en ese nivel. Es un aspecto sutil que podrán usar algunos pocos para manifestar más paz y calma interior en tiempos convulsionados. También es un tiempo para "Crear Oportunidades", ya que los esfuerzos que hagamos ahora pueden ser mejor retribuidos en esta oleada armónica de energías en danza. Si las semillas plantadas son "malas hierbas", también se verán esos frutos. Tenerlo en cuenta sobre todo a nivel social y colectivo, donde podemos ver manifestaciones de cooperación, ayuda mutua y asistencia social. Esta influencia puede aumentar problemas con el agua, represas e inundaciones.

- **1 de Octubre:** Mercurio en cuadratura con Júpiter en los grados 22° de Libra y Cáncer respectivamente. Este aspecto viene estando presente desde el 30 de Agosto. Es un aspecto que despierta los deseos de hacer planes "a lo grande", y si bien puede apuntar alto con ideas pueden ser poco prácticas o carecer de sentido común. Es por ello que en decisiones importantes, compras, o transacciones, escrituras, etc, este aspecto puede generar expectativas exageradas que luego no se cumplen. Cuidado con aquellos que prometen tentadoras ofertas, no se deje llevar por el entusiasmo y vea qué es lo que hay de real en la propuesta. Pero si se mantiene una actitud prudente, con atención a los detalles, entonces es posible llegar a tratos justos. Evite la tendencia a hablar demasiado, puede entorpecer la comunicación.

- **2 de Octubre:** Aniversario del nacimiento de Mahatma Gandhi, nacido el 2 de octubre de 1869. Los emblemas con los que movilizó la independencia de la India fueron Ahimsa (no violencia) y Satyagraha (que significa "fuerza de la verdad").

- **Del 4 al 7 de Octubre:** Se forma un YOD entre Mercurio entre 29° de Libra y 1° de Escorpio, a 150° de la conjunción de Saturno y Neptuno; al mismo tiempo forma otro aspecto de 150° con Urano (ubicado en 1° de Géminis). Este año, esta configuración astrológica se repite en diferentes variantes debido a la especial alineación de los planetas lentos que durante gran parte del año se mantienen a 60° entre sí. Un Yod es una fuerte y sutil energía, que indica un "cruce de caminos", frente al cual tenemos al menos 2 alternativas y donde se genera una oportunidad de cambio. En este caso, el punto focal, o de concentración de la atención es Mercurio, por lo que el área de su carta natal que activará dependerá de qué Casa usted tenga en 0° de Escorpio. El mensaje general es: "atar los cabos sueltos" a nivel mental. Sería importante "hacer una limpieza" mental de aquellas informaciones, y conversaciones, que no sólo no le aportan nada positivo, sino que por el contrario ocupan su mente con ideas tóxicas, aumentando la confusión, el estrés, y quitándole energía. Dar una dirección al pensar y a los diálogos, será una meta a lograr. Para ello necesitamos practicar "el Arte de la Auto-observación", una práctica que enseñamos en el Método Aztlan.

- **6 de Octubre:** Mercurio hace su entrada en Escorpio a las 16:41 GMT. Se quedará aquí hasta el 29 de Octubre cuando ingrese en Sagitario. Aquí la mente intelectual funciona orientada a indagar en temas ocultos, aclarar enigmas y develar secretos. Favorece las facultades investigativas y la indagación psicológica para buscar las causas inconscientes. Negativamente, ideas fijas y obsesivas junto a una extrema fijeza en los puntos de vista que dificulta los acuerdos y el mutuo entendimiento. Al mismo tiempo, una actitud desconfiada puede erosionar la comunicación.

- **Del 6 al 8 de Octubre:** Mercurio forma la cuadratura con Plutón. Si viene trabajando estos días con el Yod no le será tan hostil esta energía. Mecánicamente, produce comentarios ácidos o hirientes. Dificulta la cooperación en el campo de las ideas y comunicación. Busca ir a lo esencial de las ideas, dejando de lado pensamientos y diálogos superficiales. Estará menguado por el aspecto compensatorio entre Venus y Júpiter que describimos a continuación.

- **Del 7 al 9 de Octubre:** Casi en paralelo se produce el Sextil armónico entre Júpiter y Venus, ambos planetas considerados "Benéficos" en el lenguaje de la astrología tradicional. Es considerado un buen tránsito para asuntos monetarios y trae beneficios por actividades culturales. Vinculaciones armoniosas con extranjeros. Es un buen momento para limar asperezas y buscar una reconciliación con alguien.

- **Del 6 al 19 de Octubre:** Plutón se mantiene Estático. Es un momento del año especial en el que el planeta más lento del sistema se queda aparentemente "quieto" o fijo. Su influencia se vuelve más permanente y suele coincidir con importantes eventos en nuestro planeta. Lo explicamos en el Recuadro Destacado del Mes.

- **7 de Octubre:** Luna Llena en 14° de Aries. Esta lunación puede expresar algunas tensiones y conflictos entre la necesidad de compromiso en las relaciones y la necesidad de independencia. Requerirá de un esfuerzo especial el lograr o mantener acuerdos, tanto en el plano personal como en el plano diplomático e internacional.

- **Del 12 al 15 de Octubre:** Gran triángulo de aire de Venus con Urano y Plutón, y alineación con Neptuno. El aspecto exacto (perfecto) será el 14 de Octubre. Oportunidad para hacer consciente el "Poder del Sentir" que representa Venus. Explicamos esta configuración en el Recuadro Destacado del Mes.

- **A partir del 12 de Octubre y hasta Fin de Mes:** Fluido trígono entre Saturno y Júpiter. Este aspecto se produce en signos del elemento agua, entre dos planetas que pueden ayudar a que haya mayor armonía entre lo que se proyecta y lo que se realiza. Júpiter proyecta, traza el plano general. Saturno pone los cimientos y comienza el proceso de construcción. Oportunidad para buscar empleo, iniciar un negocio, comenzar una actividad profesional. Recomendamos leer el capítulo de este Anuario dedicado a la relación entre Júpiter y Saturno como complemento para comprender la naturaleza de esta energía y aprovechar mejor la oportunidad que presenta.

- **13 de Octubre**: Ingreso de Venus en Libra. Se producirá a las 21:19 GMT. Venus en el signo de la Balanza se halla en su Domicilio, por lo que es una posición cómoda para el planeta que aspira a la armonía en las relaciones y al equilibrio entre todas las cosas. Esta posición activa la posibilidad de poner el foco en armonizar vínculos, siendo más generosos en compartir con los demás su afecto, ideas o proyectos.

Debido a la naturaleza amistosa de Venus y al elemento Aire del Signo de Libra, esta posición propicia eventos y reuniones sociales. Creciente interés por mejorar el aspecto físico, que expresado en su justa medida, es un modo de buscar agradar y atraer a otros. Sin embargo, debido al excesivo énfasis en las apariencia físicas, muy promovido por redes sociales y propaganda, es necesario recordar que estética y ética son dos caras de una moneda. Una apariencia bonita, puede esconder una fealdad interior, o una tristeza, y en ese caso, se vuelve solo un envase vacío. De allí la importancia de cultivarse siempre hacia adentro: es decir cultivar las virtudes humanas y modelos éticos de evolución, lo que Jung denominó los Arquetipos.

- **14 de Octubre:** Plutón se vuelve directo. Luego de 4 meses de retrogradación, en los que Plutón se "recarga", de manera similar a lo que sucede cuando cargamos una batería y dejamos en relativo reposo el artefacto eléctrico, ahora comienza a "desplegar" su energía de manera más directa y evidente. A partir de este momento, se comienzan a acelerar procesos y a manifestar lo que se había preparado o gestado durante los últimos meses.

- **Del 15 al 27 de Octubre:** Mercurio en conjunción con Marte. Se moverán juntos, hasta alcanzar la conjunción exacta el día 20 de Octubre, en el grado 19° de Escorpio. Puede potenciar la energía mental, volviendo la mente más activa, asertiva e intrépida. En el sentido negativo, la comunicación toma cauces agresivos: información violenta, la guerra mediática a todo trapo. Es muy importante prestar atención a la información que recibimos, para así evitar consumir "basura" que intoxica la mente. Además, cuidar las palabras que usamos para evitar herir a otros es muy importante estos días. Atención conductores de auto, manejen con mayor precaución debido a predisposición a choques. Vale recordar un fragmento de la enseñanza del maestro esenio: "más lo que sale de la boca, esto contamina al hombre". A partir del 20 de Octubre Mercurio "pasa" por delante a Marte y se da fin al encuadramiento de Marte-Plutón que estaba activo desde Febrero de este año. Este aspecto se repetirá en Noviembre cuando Mercurio vaya retrógrado.

- **Del 14 al 19 de Octubre:** Sol en aspecto desafiante a Júpiter. Se forma una cuadratura entre el Sol que avanza por Libra, entre los grados 21° a 25°, y Júpiter que desde Cáncer se mueve alrededor 24°. Júpiter en astrología esotérica es considerado un "segundo Sol" ya que es el planeta más grande y con todo un sistema de satélites y lunas a su alrededor. Ambos comparten esa naturaleza expansiva y de fuego. Por ello este aspecto alienta esperanzas y confianza. Si bien impulsa positivamente una actitud abierta y optimista, así como un espíritu de aventura, también requiere atención, ya que puede generar falsas expectativas, una actitud despilfarradora o una sensación de suficiencia exagerada.

- **21 de Octubre:** Luna Nueva en 28° de Libra. Con Luna, Sol y Venus (Regente de Libra) en el Signo de la Balanza, el énfasis de esta Luna Nueva está puesto en las asociaciones y relaciones.

- **22 de Octubre:** Neptuno en su fase retrógrada entra en Piscis. Se quedará en este signo hasta el 26 de Enero de 2026, cuando reingrese en Aries.

- **22 al 26 de Octubre:** El aspecto exacto del Yod será el día 23. Se forma una suerte de °Y° entre el Sol en 0° de Escorpio que se aspecta a un ángulo de 150° con Urano en 0° Géminis, y Neptuno en 0° Aries. Movilizan energías transformadoras, inquietud, sensación de necesitar una renovación, pero quizás aún no tenga claro qué es lo que necesita cambiar. Esto puede generar inquietud, desasosiego e intranquilidad. La cuadratura (aspecto de máxima tensión) entre el Sol y Plutón estará activa durante estos días de manera simultánea. A veces el cambio se impone desde fuera, no es deseado ni buscado, simplemente es. Y el trabajo aquí es aceptarlo y transmutar esa sensación de "pérdida", de algo que termina para no regresar. El aspecto exacto será el 24 de Octubre. Prestar atención especial quienes tengan planetas en las siguientes posiciones: 0° Tauro, 0°Leo, 0° Escorpio y 0° Acuario.

- **23 de Octubre:** Entrada del Sol a Escorpio. Se producirá a las 3:51 GMT. Los escorpianos comienzan a tener su temporada de cumpleaños y revoluciones solares. Este signo recibe este año una influencia transformadora de Plutón (su planeta co-regente), que indica cambios profundos en sus bases psicológicas que pueden incluir mudanzas, cambios en la familia y hogar.

- **Del 23 al 27 de Octubre:** Mercurio trígono con Júpiter y Saturno. Un tránsito favorable para trabajos intelectuales o comerciales. Fuerza mental positiva. Equilibrio entre un punto de vista amplio y atención a los detalles. Favorece: estudiar, firmar contratos, publicar, hacer propaganda y facilita los trámites y diligencias en general.

- **Del 25 al 31 de Octubre:** Marte en trígono con Júpiter y Saturno, entre el tercer decanato de Escorpio, Cáncer y Piscis, respectivamente. Puede haber progresos o mejoras en aquellos proyectos en los que se viene trabajando. Buen momento para iniciar negocios, emprendimientos. Favorece compras de automóviles o maquinarias (siempre y cuando esté confirmado por los aspectos sobre la carta individual). Tiempo de acciones constructivas y de crear nuevas oportunidades.

- **29 de Octubre:** Mercurio entra en Sagitario a las 11:02 GMT y se quedará hasta el 19 de Noviembre. Mercurio aquí se halla en "Exilio" lo que significa que su modo de comunicar y pensar no es tan lógico, ni focal, sino que apunta a una visión amplia, generalizante y hasta universalista. En este proceso la mente se amplía, se conecta con lo lejano, impulsando viajes o comunicaciones con el extranjero. Sin embargo, corre el peligro de volverse muy abstracta y alejada de lo inmediato, o bien soberbia y dogmática en cuanto a sus verdades. Es una energía cambiante, que dinamiza la actividad mental, aumentan los traslados, viajes, comunicaciones o anuncios importantes. Marchas y contramarchas en las decisiones; cuesta tomar una decisión definitiva en este momento. Mantenerse flexible como el bambú que danza con las ráfagas de viento.

- **29 de Octubre:** Se conmemora el 76° aniversario de la muerte de George Ivánovich Gurdjieff, creador del Cuarto Camino. Falleció el 29 de Octubre de 1849 en Francia.

NOVIEMBRE

5 Planetas Retrógrados: Del 11 de Noviembre Hasta Fin de Mes

A Saturno, Urano y Neptuno, ya retrógrados, se les suma este mes la retrogradación de Mercurio (desde el 9 de noviembre) y la de Júpiter (desde el 11 del mes). Esto significa que la mitad de los planetas estarán "yendo hacia atrás". Puede coincidir con un despliegue más lento de los procesos y eventos. Es probable observar un período de cierto estancamiento. Esto no quiere decir que todo "está quieto", y que "no sucede nada", no hay que malinterpretar. Las energías y todo en el Universo siempre está en movimiento. Sin embargo, el tipo de movimiento de la retrogradación es de un carácter diferente al movimiento habitual. La energía primero va hacia lo interno, hacia lo inconsciente. Puede haber por ello mayores bloqueos, inhibiciones, retardos. En la vida social y política se puede mostrar como una preparación, planificación o enlentecimiento de lo que se demostrará con más evidencia al comenzar a ir los planetas Directos. Consideramos de importancia tener en cuenta que lo sociopolítico no es otra cosa que una expresión de la vida psicológica de los seres humanos que son parte de esa sociedad.

En lo personal se requerirá de una mayor paciencia y resistencia para mover los proyectos y actividades personales ya que podrán estar "enlentecidos".

3 Grandes Grandes Triángulos: Nutrir Nuestra Sensibilidad

El 17 de Noviembre se producirá una configuración exacta entre tres planetas en los signos de Agua. El triángulo equilátero es un símbolo de armonía y equilibrio. El Sol estará en 25° de Escorpio, Júpiter en 25° de Cáncer y Saturno en 25° de Piscis. Es una configuración notable, aunque rápida y pasajera. Estará activa desde el 14 al 19 de Noviembre. El agua, así como el trígono, se asocia con la búsqueda de tranquilidad y un intercambio pacífico y calmo. Tanto el elemento como el aspecto comparten el disfrute de la satisfacción sensual y la sensibilidad a los estados interiores de consciencia. Es una oportunidad para apreciar la riqueza de los sentimientos humanos, la empatía, el cuidado mutuo, la nutrición, el cultivo de nuestra mente, la meditación… Favorece las actividades ligadas a estos temas. Pero, en una sociedad tan extrovertida como la nuestra, es posible que para muchos este aspecto pase completamente inadvertido. En el sentido elemental, este Gran Trígono puede alentar un temperamento escapista.

El día 20 de Noviembre se producirá el mismo aspecto pero con Mercurio. El orbe de influencia será del 20 al 23 de Noviembre. Puede facilitar la comunicación emocional, el reconocimiento de las necesidades emocionales propias y ajenas. Propicia estudios, publicaciones y actividades ligadas al arte, la psicología y la religión.

Por último, se producirá un tercer Gran Triángulo de Agua formado por Venus, Saturno y Júpiter que estará activo del 24 al 28 de Noviembre.

Predominio del Elemento Agua: Del 19 hasta Fin de Mes

Con la retrogradación de Mercurio, este planeta volverá a ingresar en Escorpio. Lo hará el 19 de Noviembre. Es decir que entre el 19 y el 21 de Noviembre tendremos 6 planetas en el Elemento Agua. Desde el 22, cuando el Sol pase a Sagitario, quedarán 5 planetas emplazados en dicho elemento: Mercurio, Venus, Júpiter, Saturno y Neptuno. Favorece el desarrollo de tareas de asistencia a otros, sea en el ámbito de la salud física o psicológica. También es momento de atender nuestras necesidades emocionales a través de una activa práctica de Auto observación y registro de nuestra mente y estados anímicos. El elemento agua se asocia con la compasión y tiene propiedades curativas. El agua fluye, limpia, depura y sana. Misticismo activo o creatividad canalizada en el ámbito de las artes. Negativamente, potencia las emociones, pudiendo manifestarse de manera inconsciente como estallidos emocionales que nos arrastran, como un barquito a la deriva, de un lado a otro, sin rumbo definido, lo que puede quitarnos mucha energía. No obstante, bien canalizada esta energía, podemos estar más receptivos a nuestro propio inconsciente y observar los estados anímicos fluctuantes, sin sucumbir a ellos, reconociendo que puede haber necesidades psicológicas insatisfechas. Para esto, lo mejor es adquirir más conocimientos de la ciencia de la mente, como la psicología profunda de Jung o la psicología budista.

Para aprovechar las energías del elemento Agua de este mes proponemos la siguiente imagen, proveniente de una de las prácticas de la psicología zen. Un estanque de agua que devuelve el reflejo representa la mente tranquila. Cuando la mente no está perturbada por formaciones mentales como la ira, la envidia, el temor o las preocupaciones se encuentra tranquila. Visualice un límpido estanque alpino que refleje las nubes, el cielo y las montañas de forma tan perfecta que si fotografiara su superficie cualquiera pensaría que la foto es del propio paisaje. Cuando nuestra mente está serena, refleja la realidad fielmente, sin distorsión. Respirar, sentarse y caminar con atención plena calma las formaciones mentales perturbadoras, como la ira, el temor y la desesperación, y nos permite ver la realidad con mayor claridad.

- **Del 1 al 5 de Noviembre:** Venus que se mueve entre el grado 23° al 26° de Libra, forma cuadratura con Júpiter (en el grado 25° de Cáncer). Tendencia a los excesos en comidas y bebidas. En especial, es importante cuidar la alimentación adecuada para el hígado, los riñones y la diabetes. Quienes tengan esta predisposición deben tomar mayores precauciones y cuidados durante estos días.

- **Del 1 al 8 de Noviembre:** Marte en Oposición con Urano, este aspecto puede producir fuertes tensiones nerviosas. Se pueden averiar máquinas y el sistema eléctrico. Precaución en uso de materiales inflamables. Cuidarse de no actuar impulsivamente. Pueden manifestarse diferencias con amigos, grupos o colegas por falta de tolerancia y cooperación. Teniendo en cuenta esta energía en danza, usted puede estar atento a controlar las tensiones y evitar situaciones violentas.

- **Del 3 al 9 de Noviembre:** El sextil entre Marte y Plutón puede brindar fuerza de voluntad para llevar adelante proyectos difíciles. Es una configuración muy energética, en el contexto de las otras influencias en danza.

- **4 de Noviembre:** Ingreso de Marte en el signo de Sagitario a las 13:01 GMT. Forma dos aspectos exactos este mismo día: una oposición con Urano y trígono con Neptuno. Se quedará en el signo del centauro hasta el 15 de Diciembre. La inquietud propia de Marte encuentra en Sagitario (signo de Fuego y Mutable) una expresión directa y entusiasta, estimulando actividades arriesgadas que debe realizar con el juicio adecuado para evitar situaciones peligrosas. Las iniciativas están matizadas por un expansivo deseo de mejorar y una necesidad de exploración que impulsa a la práctica de deportes, viajes largos, nuevos estudios o actividades donde pueda desplegar sus creencias y su fe (como la religión, la filosofía, la política). En su costado negativo, promueve violencia por temas ideológicos (políticos o religiosos) debido a un enfoque fanático que lleva a querer imponerse a los demás.

- **5 de Noviembre:** Luna Llena en 13° de Tauro.

- **Del 5 al 9 de Noviembre:** Venus en aspecto desafiante a Plutón. Intensas experiencias emocionales que se pueden reflejar en estados anímicos algo extremistas. Si siente estos días que las cosas son "a todo o nada", desconfíe de sí mismo y dése un tiempo prudencial para analizar el origen de esos impulsos. Evite la frialdad o falta de consideración hacia los sentimientos de los demás. La proyección de la sombra sobre un vínculo íntimo puede generar crisis en una relación.

- **6 de Noviembre:** Venus entra en Escorpio a las 22:30 GMT y se quedará en este signo hasta el 30 de Noviembre. En Escorpio, el planeta de las relaciones y la búsqueda de armonía, se encuentra en "exilio". Aquí, Venus experimenta una mayor intensidad, lo que puede llevar a una profundización de los sentimientos y estados de ánimo. O bien, manifestar crisis y falta de armonía en las relaciones (tendencia a la posesividad, los celos, la desconfianza). En una expresión más positiva, el afecto y los valores de Venus pueden ser transmutados en su más elevada expresión: profundos, permanentes y con gran capacidad de entrega.

- **8 de Noviembre:** Urano Retrógrado ingresa en Tauro a las 2:22 GMT. Llegará hasta el grado 27° de Tauro en Febrero y volverá a entrar en Géminis en Abril 2026.

- **9 de Noviembre:** Mercurio Retrógrado, hasta el 29 de Noviembre. Se moverá entre el grado 6° de Sagitario, y el 20° de Escorpio. Esta influencia por sí misma no es mala ni buena, ya que depende del "uso" que le demos. En el sentido negativo, es posible que genere demoras e inconvenientes a nivel de las comunicaciones, traslados, viajes, correos y actividades intelectuales. Sea cuidadoso con los papeles que firma y preste atención a los documentos y llaves, para evitar pérdidas o complicaciones por distracciones. Positivamente, puede favorecer un proceso de revisión y recapitulación para mirar hacia atrás, y corregir lo necesario a fin de volver a planificar sus objetivos. La mente se puede volver más introspectiva, reflexiva y ver las cosas bajo un nuevo punto de vista.

- **Del 9 al 15 de Noviembre:** Conjunción de Mercurio y Marte. Se repite el aspecto que ya se dió en Octubre (pero en Escorpio). Si bien ahora Mercurio está retrocediendo, la conjunción con Marte es un aspecto dinamizante y fortalecedor de la mente y de la palabra. El deseo de ser escuchado puede llevar a una comunicación más directa y asertiva. Pero también a un modo rudo, generando discusiones y debates que se pueden convertir en "combates". Intente matizar y suavizar la forma de expresarse. Mayor precaución para evitar robos y otros peligros en la vía pública.

- **11 de Noviembre:** Júpiter Retrógrado desde el grado 25° de Cáncer. Seguirá retrógrado hasta el 10 de marzo de 2026. A partir de este momento y hasta fin de mes habrá 5 planetas retrógrados. Explicamos su influencia en el Recuadro Destacado.

- **17 de Noviembre:** Se cumple el 150° Aniversario de la Fundación de la Sociedad Teosófica. Movimiento iniciado por Helena P. Blavatsky, precursora de la difusión de la filosofía oriental en occidente. Su trabajo abrió el camino para el desarrollo de la nueva Era de Acuario. Su lema: "Mi única religión es la verdad".

- **Del 14 al 19 Noviembre:** Gran trígono de Agua entre Sol, Saturno y Júpiter. Lo explicamos en el Recuadro Destacado del Mes. El 17 de Noviembre se producirá el aspecto exacto.

- **19 de Noviembre:** Mercurio entra en Escorpio. Se quedará en este signo hasta el 11 de Diciembre. Es un período que favorece la investigación tanto a nivel de las ciencias, como a nivel psicológico y del autoconocimiento. La mente se puede volver más introspectiva, menos comunicativa, pero al mismo tiempo más interesada en develar secretos o tabúes. Atracción por temas esotéricos u ocultos. La comunicación es menos abierta debido a una actitud de reserva. Evite pensamientos obsesivos y pesimistas.

- **Del 19 al 23 de Noviembre:** El Sol forma en simultáneo una oposición con Urano y un fluido trígono con Neptuno. Tendencia a estar nervioso, intranquilo e impaciente estos días. Puede haber sorpresas o situaciones inesperadas que obliguen a cambiar los planes o la rutina. Lo mejor es ser flexibles y estar atentos a la guía de la "inteligencia del inconsciente", como Jung definió a la Función de la Intuición. Esto se debe a la "asistencia" del trígono entre Sol y Neptuno.

- **20 de Noviembre:** Luna Nueva en 28° Escorpio.

- **Entre el 20 y 23 de Noviembre:** Nuevo Gran Trígono de Agua. Ahora es entre Mercurio, Saturno y Júpiter. Será en los terceros decanatos (grado 25°) de Escorpio, Piscis y Cáncer respectivamente.

- **20 de Noviembre:** Se forma el aspecto perfecto de 60° (sextil) entre Urano y Neptuno, ambos ubicados en los 29°29' de Tauro y Piscis, en el orden mencionado. Este aspecto entre estos dos planetas transpersonales se viene manteniendo desde el mes de Junio de este año, y debido al movimiento lento de ambos planetas, se mantendrá en orbe durante el 2026 (aunque ambos planetas ya estarán en Géminis y Aries).

- **22 de Noviembre:** El Sol ingresa en Sagitario a la 1:36 GMT. Se quedará en este signo hasta el 21 de Diciembre. Los sagitarianos comienzan su temporada de cumpleaños y revoluciones solares. Este día se produce el aspecto perfecto del Gran Trígono de Agua (entre Mercurio, Júpiter y Saturno).

- **Del 24 al 27 de Noviembre:** Se forma el tercer Gran Trígono del Mes. En este caso es Venus el que, avanzando hacia el grado 25° de Escorpio, forma dos trígonos a Saturno en Piscis y Júpiter en Cáncer en simultáneo. Favorece actividades artísticas y la vida afectiva en general. Aspecto fluido para asuntos financieros.

- **28 de Noviembre:** Saturno comienza su marcha Directa. Avanzará por los últimos grados de Piscis para ingresar definitivamente en Aries en el mes de Febrero de 2026.

- **30 de Noviembre:** Ingreso de Venus a Sagitario a las 20:14. Se quedará en este signo hasta el 24 de Diciembre. En general propicia relaciones con el extranjero o actividades de comercio exterior. En lo individual, Venus en este signo de Fuego y Mutable, impulsa el goce de estar en movimiento, disfrutar del aire libre y de actividades deportivas o recreativas. Esto se debe a que Venus, relacionado con lo que nos proporciona placer, lo que nos gusta o atrae, en Sagitario busca sentirse en libertad. Sólo se deberá estar atento a que el sentido de libertad propio no perjudique al prójimo. También incita a los viajes y contactos con el extranjero en términos generales. El lado negativo de esta influencia es una actitud muy evasiva y negadora.

- **Del 28 al 30 de Noviembre:** Venus conjunción Lilith en Escorpio en doble aspecto contradictorio entre el trígono con Neptuno, que brinda inspiración, sensibilidad y empatía, y por otro lado, la oposición con Urano, que impulsa a sentirse libre, sin compromisos ni ataduras. Usar el lado benéfico de este aspecto que promueve la unión con los demás. Controlar los impulsos egoístas que puedan perjudicar las relaciones.

DICIEMBRE

El Dios de la Guerra Haciendo de las Suyas: Marte Súper Aspectado

Hasta alrededor del 15 de Diciembre se dan unos aspectos de Marte muy fuertes que anticipan su ingreso en Capricornio, signo que en Astrología Mundial se asocia con las estructuras sociopolíticas y además donde Marte opera con exaltación. En lo político mundial son unas semanas de aceleración y de peligros, ya que Marte, en la astrología clásica, era considerado un planeta "Maléfico". Esto quería decir que cuando funcionaba de un modo fuerte, producía problemas. Los problemas de tipo marcial están relacionados con el modo maquinal, bestial, en que los seres humanos respondemos a estas energías. A mayor consciencia, mayor capacidad para "manejar" estas tensiones de modo constructivo. Sin embargo, a nivel colectivo, social y político es posible que estas tensiones se encuentren "in crescendo" hasta su culminación cuando Marte llegue al final de Capricornio, y empiece a acercarse a la conjunción con Plutón (emplazado en los primeros grados de Acuario). Los aspectos destacados de Marte en Diciembre son:

- Marte cuadratura Saturno: el orbe será del 2 al 12 de Diciembre. Choques, enfrentamientos entre aquello que se presenta como "lo nuevo" (Marte) y "lo antiguo" (Saturno). Acciones frustradas. Problemas en grandes estructuras edilicias, incendios.

- Marte cuadratura Neptuno: el orbe es del 9 al 16 de Diciembre. Lo descrito anteriormente, pero por mares y océanos, o relacionado con las aguas (regidas por Poseidón o Neptuno). Problemas con el gas.

Júpiter Desafiando A Quirón: Aspirando A La Sanación

La cuadratura de Júpiter-Quirón representa una tensión entre la necesidad de curación (en el amplio sentido de la palabra: que incluye lo físico, mental o emocional) y las propias creencias arraigadas. Júpiter está en Cáncer, un signo ligado al pasado, a la familia, a la infancia y a la vida emocional. Aquí Júpiter a lo largo de todo el año ha estado impulsando mejoras en nuestra vida íntima, familiar. Dependiendo de la medida en que cada persona haya podido, o no, superar los conflictos del pasado, la tensión con Quirón se manifestará de maneras diferentes. En cualquier caso, es seguro que Júpiter con Quirón expande el deseo de curación sanando viejas heridas. Esto puede implicar perdonar a otros, o perdonarse a uno mismo. Este es un buen momento para buscar oportunidades para sanar y expandir su conocimiento sobre conflictos del pasado y el proceso de curación. Es posible que colectivamente haya una intensa búsqueda de nuevas prácticas, o de la guía de un conocimiento psicológico que vaya a la raíz del conflicto, como proponía Krishnamurti. Pero también podría haber acciones demasiado confiadas que lleven a imprudencias en pos de la búsqueda del cambio. Un ejemplo sería el siguiente, una persona ve que necesita cambiar su dieta para mejorar su salud, pero no tiene un conocimiento adecuado ni tampoco un profesional idóneo que lo oriente. Entonces hace cambios drásticos de dieta por su cuenta, que lo perjudican o le crean un nuevo problema. Por ello es importante la búsqueda atenta del conocimiento que se basa en verdades que ayudan (y no perjudican). Los 4 caminos tradicionales de conocimientos para la evolución del Ser Humano son: Ciencia, Arte, Filosofía y Espiritualidad. Tener la intención sincera (el primer paso de la antigua iniciación: "querer") y luego buscar (el segundo paso es "osar", es decir animarse a practicar el cambio), es lo que nos hará sincronizarnos con lo que necesitamos. "Busca y Hallarás".

SOL INVICTUS Y ÚLTIMO PULSO DEL AÑO ASTROLÓGICO

Es conocido que griegos y romanos mitraicos festejaban antiguamente el solsticio de invierno (hemisferio Norte) el 22 de diciembre de cada año, momento en que el Sol toca el grado 0° del signo de Capricornio. Es el día más corto del año, se lo llamaba el "Sol Invicto", ya que es el día con menos horas de luz solar del año y la noche más larga. Su simbolismo se remite a un renacer de la luz sobre las tinieblas. No es casual que se asocie al simbolismo de la "natividad" del Sol, considerados un Dios en su cosmovisión. Lógicamente, la astrología era un saber fundamental en aquellas civilizaciones, sabían que ese día se abría una suerte de "portal energético" en el 0° de Capricornio (solsticio). Hoy en día está comprobado por la Astrofísica moderna que en ese grado del zodíaco, que es 270° grados de Ascensión Recta, se encuentra el punto central de nuestra galaxia, en torno al cual gira nuestro Sol y todo nuestro sistema planetario. Notable precisión de los antiguos. Con el devenir de la Roma cristiana se suplantan esas fiestas consideradas "paganas" por la Navidad, la cual se ubica como todos sabemos, unos días después, el 25 de Diciembre.

Se entra además en los últimos 3 meses del Año astrológico, que incluye el recorrido del Sol por Capricornio, Acuario y Piscis. Ellos son los 3 últimos signos del Zodíaco, marcando una etapa final del ciclo de 365 días. Astrológicamente, el Equinoccio del 20 de Marzo, cuando el Sol entra en 0° grado de Aries, marca el inicio de un ciclo energético que se desarrollará y prolongará durante los doce meses siguientes, en los cuales se va modulando la energía. Los 4 hitos de este movimiento de la energía vital representada por el Sol son los dos equinoccios y los dos solsticios. Estos indican además los cambios de estación, regulando todos los ciclos biológicos de nuestro planeta en el nivel vegetal, animal y humano.

- **Del 1º al 3 de Diciembre:** Venus en armónico sextil con Plutón. El planeta del amor, ubicado en Sagitario, se posiciona en un fluido aspecto con Plutón, lo que indica la posibilidad de profundizar en los sentimientos. Mayor intensidad en los vínculos. Favorece actividades creativas y también es un indicador positivo para las decisiones financieras (habrá que evaluar en lo particular, según el sector de la Carta Natal que influencie).

- **Del 2 al 12 de Diciembre:** Máxima tensión entre Marte y Saturno. La cuadratura (un aspecto de 90° grados) se produce en el tercer decanato de Sagitario (donde está Marte) y el grado 25° de Piscis (donde está Saturno). El aspecto perfecto es el 8 y 9 de Diciembre. Aquí se movilizan fuertemente los signos Mutables (Géminis, Virgo, Sagitario y Piscis), que tendrán unos días adversos o de dificultades. En general, para todos es una combinación obstructiva, donde hay una lucha con la realidad o con los límites, con la autoridad, o con sus propias limitaciones. Marte en Sagitario quiere ser libre al 100% y Saturno pareciera decirle aquí que "toda acción necesita de un orden y de ciertos límites lógicos" (aunque desde Piscis lo hará de un modo no muy contundente, entorpeciendo o frustrando temporalmente las iniciativas). Cuidado al conducir porque predispone a fuertes choques. Disminuya la velocidad, no conduzca de noche y evite conducir si se siente de ánimo contrariado. Esta es una energía que predispone a tener accidentes, golpes y caídas. Por eso es mejor prevenir, haciendo las cosas con calma, y teniendo en cuenta la Sombra propia y ajena (dedicamos un artículo a la Psicología de Jung, que explica este arquetipo). Quienes sufran de temas óseos o articulares (problemas reumáticos en general), pueden tener más molestias estos días.

- **Del 3 al 9 de Diciembre:** Se forma un Gran Trígono de Agua. Se trata de un fluido aspecto de 120° entre Mercurio en 24° de Escorpio, Júpiter (retrógrado) en 24° de Cáncer y Saturno en 25° de Piscis. El trígono exacto de Mercurio con Júpiter será el día 6 de Diciembre. El trígono exacto de Mercurio con Saturno, el día 7 de Diciembre. Se repite este aspecto, que ya se había formado a fines de Octubre y de Noviembre (recordemos que Mercurio había ido retrógrado). Un tránsito favorable para trabajos intelectuales o comerciales. Fuerza mental positiva. Equilibrio entre un punto de vista amplio y atención a los detalles. Favorece: estudiar, firmar contratos, publicar libros o escritos, hacer propaganda o difusión, tareas educativas en general. Facilita los trámites, diligencias y propicia una comunicación efectiva aunque más subjetiva o emocional que intelectual (por estar en elemento agua).

- **4 de Diciembre:** Luna Llena en 13° de Géminis. Última Luna Llena del Año Oficial 2025.

- **8, 9 y 10 de Diciembre:** A la tensión Marte y Saturno se le suma la oposición de Mercurio y Urano. Puede traer dificultades con las comunicaciones, con internet. Cuidar la seguridad virtual. Puede haber problemas con la red eléctrica. Son días complicados donde puede haber contratiempos, por lo que el consejo es manejarse con más atención en general.

- **Del 9 al 15 de Diciembre:** Marte forma tensión con Neptuno. Es un aspecto bastante molesto, aunque pasajero. Ambos planetas manejan energías muy diferentes y se entorpecen mutuamente. Puede ser testigo de actos engañosos y falsos consejos desmoralizadores. Trate de mantener la objetividad en lo que debe hacer. Si tiene muchas dudas, tómese un tiempo o busque ayuda de confianza antes de tomar decisiones importantes. Evitar consumo de alcohol o drogas ya que las tendencias evasivas van en aumento con este aspecto. Predisposición a intoxicaciones o infecciones.

- **10 de Diciembre:** Neptuno se vuelve Directo formando

un trígono con Mercurio que puede inspirar la imaginación y motivar ideas espirituales. Receptividad de la mente a tareas artísticas, como la música o la pintura.

- **11 de Diciembre:** Mercurio ingresa en Sagitario a las 22:40 GMT. Se quedará hasta el 1° de Enero 2026. Mercurio aquí se halla en "Exilio" lo que significa que su modo de comunicar y pensar no es tan ordenado y detallista, sino que apunta a una visión amplia, generalizante y hasta universalista. Favorece las tendencias religiosas y filosóficas. En este proceso la mente se amplía, se conecta con lo lejano, impulsando a viajes o comunicaciones con el extranjero. Promueve el comercio internacional, favoreciendo operaciones de exportación e importación.

- **15 de Diciembre:** Marte hace su entrada en Capricornio, a las 7:34 GMT. Se quedará en este signo hasta el 23 de Enero. Es una posición fuerte de Marte ya que Capricornio es un signo de tierra (medido, pragmático) pero "Cardinal", lo que significa que se orienta hacia las metas, en un movimiento asertivo muy acorde con la naturaleza marcial. Capricornio en Astrología Mundial representa el destino mundial, los dirigentes y las estructuras de poder. Es decir que Marte aquí implica un período de intensas ambiciones, iniciativas bélicas y luchas por el poder. En lo personal favorece el ascenso lento pero progresivo. Marte ofrece perseverancia para sacar adelante proyectos profesionales, emprendimientos personales, especialmente para los signos de Tierra (Tauro, Virgo, Capricornio) y para Escorpio y Piscis. Los signos cardinales pueden enfrentarse con obstáculos este mes (Aries, Cáncer y Libra).

- **20 de Diciembre:** Luna Nueva en 28° de Sagitario. Inicia un mes donde la necesidad o el deseo de movimiento, traslados y viajes puede estar más presente. Sagitario siempre impulsa al movimiento, a la búsqueda de sentirse libre y activo.

- **21 de Diciembre:** Solsticio de Verano en el Hemisferio Sur (y de Invierno en el Norte). Se producirá a las 15:03 GMT. El Sol hace su ingreso en Capricornio. Los capricornianos comienzan su temporada de cumpleaños y la revolución solar, que marca el inicio de su año personal. El 0° de Capricornio es un punto del zodíaco extremadamente importante ya que es un portal de energía desde el cual ingresa la energía del Centro Galáctico (que se orienta en 270° grados de Ascensión Recta). Antiguamente festejado como el Día del Sol Invicto en las religiones mitraicas. Emparentado en su simbología con la Navidad, nacimiento de la Luz, luego de largas horas de oscuridad (ya que es la noche más larga en el Hemisferio Norte).

- **Desde el 22 de Diciembre:** La conjunción con el Sol aumenta la necesidad de explorar cómo persigue sus metas. La conjunción de Marte con el Sol se hará exacta el 9 de enero de 2026, marcando el inicio de un nuevo ciclo entre estos planetas. Aquí es cuando puede reiniciar nuevos objetivos y redefinir los propósitos.

- **24 de Diciembre:** Venus ingresa en el Signo de Capricornio a las 16:26 GMT. Se quedará en este signo hasta el 17 de Enero 2026. Esta es una posición donde Venus no se siente del todo cómodo ya que Capricornio está regido por Saturno, planeta del rigor, y de naturaleza más mental que sentimental. La clave positiva de esta energía es poder encontrar el gusto y el placer en cumplir con nuestros deberes y responsabilidades con alegría. Negativamente puede enfriar las expresiones afectivas en general, produciendo distancias o pocas demostraciones de los sentimientos.

- **Desde el 25 de Diciembre y hasta Enero 2026:** A partir de la entrada de Venus en Capricornio se produce un leve predominio del elemento Tierra, ya que habrá 4 planetas en signos de este elemento: el Sol, Venus, Marte (los 3 en Capricornio) y Urano (en Tauro). El Elemento Tierra es el más armonizado con las formas físicas y con la materialidad. Esto marca una época de concreción (la naturaleza de lo que se concrete dependerá de lo que vengamos haciendo previamente, es decir las semillas plantadas). Desde el punto de vista individual el predominio del elemento Tierra es una oportunidad para asentarse en algo, afianzar proyectos, poner a prueba ideas, y ser más realistas y objetivos.

- **Del 28 al 31 de Diciembre:** Mercurio en tensión con Saturno. El "Mensajero de los Dioses" (como se llamaba a Mercurio en la antigüedad), avanza por el signo de Sagitario formando un aspecto de 90° o cuadratura con Saturno ubicado en el grado 26° de Piscis. Evite tratos comerciales o firmar papeles importantes estos días porque puede haber demoras. Obstáculos para una comunicación abierta y fluida.

- **31 de Diciembre:** Fin del Año del Calendario oficial.

INGRESOS PLANETARIOS PARA EL 2025

T<small>ABLA DE LOS CAMBIOS DE SIGNO DE LOS PLANETAS.</small>

(Hora del meridiano de Greenwich)

Mes	INGRESOS PLANETA-RIOS EN LOS SIGNOS	Día	Hora
Enero	Venus en Piscis	3 de Enero	03:25
	Marte en Cáncer (Retrógrado)	6 de Enero	10:45
	Mercurio en Leo	8 de Enero	10:31
	Sol en Acuario	19 de Enero	20:01
	Mercurio en Acuario	28 de Enero	02:54
Febrero	Venus en Aries	4 de Febrero	07:58
	Mercurio en Piscis	14 de Febrero	12:08
	Sol en Piscis	18 de Febrero	10:08
Marzo	Mercurio en Aries	3 de Marzo	09:05
	Sol en Aries	20 de Marzo	09:03
	Venus en Piscis (Retrógrado)	27 de Marzo	08:42
	Mercurio en Piscis (Retrógrado)	30 de Marzo	02:19
	Neptuno en Aries	30 de Marzo	12:01

Abril	Mercurio en Aries	16 de Abril	06:26
	Marte en Leo	18 de Abril	04:22
	Sol en Tauro	19 de Abril	19:57
	Venus en Aries	30 de Abril	17:17
Mayo	Mercurio en Tauro	10 de Mayo	12:16
	Sol en Géminis	20 de Mayo	18:56
	Saturno en Aries	25 de Mayo	03:37
	Mercurio en Géminis	26 de Mayo	01:00
Junio	Venus en Tauro	6 de Junio	04:44
	Mercurio en Cáncer	8 de Junio	22:59
	Júpiter en Cáncer	9 de Junio	21:03
	Marte en Virgo	17 de Junio	08:37
	Sol en Cáncer	21 de Junio	02:43
	Mercurio en Leo	26 de Junio	19:10
Julio	Venus en Géminis	4 de Julio	15:32
	Urano en Géminis	7 de Julio	07:46
	Sol en Leo	22 de Julio	13:31
	Venus en Cáncer	31 de Julio	03:58

Agosto	Marte en Libra	6 de Agosto	23:24
	Sol en Virgo	22 de Agosto	20:35
	Venus en Leo	25 de Agosto	16:28
Septiembre	Saturno en Piscis (Retrógrado)	1 de Septiembre	08:08
	Mercurio en Virgo	2 de Septiembre	13:24
	Mercurio en Libra	18 de Septiembre	10:07
	Venus en Virgo	19 de Septiembre	12:40
	Marte en Escorpio	22 de Septiembre	07:56
	Sol en Libra	22 de Septiembre	18:20
Octubre	Mercurio en Escorpio	6 de Octubre	16:42
	Venus en Libra	13 de Octubre	21:20
	Neptuno en Piscis (Retrógrado)	22 de Octubre	09:49
	Sol en Escorpio	23 de Octubre	03:52
	Mercurio en Sagitario	29 de Octubre	11:03

Noviembre	Marte en Sagitario	4 de Noviembre	13:02
	Venus en Escorpio	6 de Noviembre	22:41
	Urano en Tauro (Retrógrado)	8 de Noviembre	02:23
	Mercurio en Escorpio (Retrógrado)	19 de Noviembre	03:21
	Sol en Sagitario	22 de Noviembre	01:37
	Venus en Sagitario	30 de Noviembre	20:15
Diciembre	Mercurio en Sagitario	11 de Diciembre	22:41
	Marte en Capricornio	15 de Diciembre	07:35
	Sol en Capricornio	21 de Diciembre	15:04
	Venus en Capricornio	24 de Diciembre	16:27

A través del estudio de la Astrología podemos observar la importancia que tiene el seguimiento de los tránsitos planetarios. En este sentido, los planetas en su movimiento diario van generando distintas dinámicas energéticas. Cada vez que un planeta cambia de signo zodiacal la naturaleza de aquello que representa ese planeta (por ejemplo, en el caso de Venus la vida afectiva y social de un individuo) sufre un cambio de tono y modalidad. No es lo mismo un tono afectivo de un Venus en Escorpio (pasional y profundo) que un Venus en Acuario (social y mental).

De ese modo, esta tabla será una guía para tener en cuenta a lo largo de todo este año.

TRAYECTORIA DEL SOL EN 2025

Entrada del Sol en cada signo del Zodíaco

(Hora del meridiano de Greenwich)

SIGNO	FECHA	HORA
Acuario	19 de enero	20:01
Piscis	18 de febrero	10:08
Aries	20 de marzo	09:03
Tauro	19 de abril	19:57
Géminis	20 de mayo	18:56
Cáncer	21 de junio	02:43
Leo	22 de julio	13:31
Virgo	22 de agosto	20:35
Libra	22 de septiembre	18:20
Escorpio	23 de octubre	03:52
Sagitario	22 de noviembre	01:37
Capricornio	21 de diciembre	15:04

COMIENZO DE LAS ESTACIONES		
	Hemisferio Sur	Hemisferio Norte
20/03/25	OTOÑO	PRIMAVERA
21/06/25	INVIERNO	VERANO
22/09/25	PRIMAVERA	OTOÑO
21/12/25	VERANO	INVIERNO

LUNACIONES Y FASES DE LA LUNA EN EL AÑO 2025

(Hora del meridiano de Greenwich)

*E: Eclipses

LUNAS NUEVAS			
Fecha	Hora	Signos y grados	
29 de Enero	12:37	♒ 09° 51'	
28 de Febrero	00:46	♓ 09° 41'	
29 de Marzo	10:59	♈ 09° 00'	E
27 de Abril	19:32	♉ 07° 47'	
27 de Mayo	03:04	♊ 06° 06'	
25 de Junio	10:33	♋ 04° 08'	
24 de Julio	19:12	♌ 02° 08'	
23 de Agosto	06:08	♍ 00° 23'	
21 de Septiembre	19:55	♍ 29° 05'	E
21 de Octubre	12:26	♎ 28° 22'	
20 de Noviembre	06:48	♏ 28° 12'	
20 de Diciembre	01:44	♐ 28° 25'	

LUNAS CRECIENTES		
Fecha	Hora	Signos y grados
6 de Enero	23:57	♈ 16° 56'
5 de Febrero	08:03	♉ 16° 46'
6 de Marzo	16:33	♊ 16° 21'
5 de Abril	02:16	♋ 15° 33'
4 de Mayo	13:53	♌ 14° 21'

3 de Junio	03:42	♍	12° 50'
2 de Julio	19:31	♎	11° 10'
1 de Agosto	12:42	♏	09° 32'
31 de Agosto	06:26	♐	08° 07'
29 de Septiembre	23:55	♑	07° 06'
29 de Octubre	16:22	♒	06° 30'
28 de Noviembre	07:00	♓	06° 18'
27 de Diciembre	01:44	♈	06° 17'

LUNAS LLENAS			
Fecha	Hora	Signos y grados	
13 de Enero	23:57	♋	24° 00'
12 de Febrero	13:55	♌	24° 06'
14 de Marzo	06:56	♍	23° 57' E
13 de Abril	00:23	♎	23° 20'
12 de Mayo	16:57	♏	22° 13'
11 de Junio	07:45	♐	20° 39'
10 de Julio	20:38	♑	18° 50'
9 de Agosto	07:56	♒	17° 00'
7 de Septiembre	18:10	♓	15° 23' E
7 de Octubre	03:49	♈	14° 08'
5 de Noviembre	13:20	♉	13° 23'
4 de Diciembre	23:15	♊	13° 04'

LUNAS MENGUANTES			
Fecha	Hora	Signos y grados	
21 de Enero	20:32	♏	02° 03'
20 de Febrero	17:34	♐	02° 20'
22 de Marzo	11:31	♑	02° 05'

21 de Abril	01:37	♒	01° 12'
20 de Mayo	12:00	♒	29° 43'
18 de Junio	19:20	♓	27° 48'
18 de Julio	00:39	♈	25° 40'
16 de Agosto	05:13	♉	23° 36'
14 de Septiembre	10:34	♊	21° 52'
13 de Octubre	18:14	♋	20° 40'
12 de Noviembre	05:29	♌	20° 05'
11 de Diciembre	20:53	♍	20° 04'

ECLIPSES 2025

Este año 2025, tendremos 4 eclipses, dos Eclipses Lunares y dos Eclipses Solares. Los Eclipses Lunares los tendremos en el Eje Virgo-Piscis, y los Eclipses Solares los tendremos en Aries y en Virgo.

Eclipse Total de Luna: 14 de marzo de 2025, a las 07:00 a 23° de Virgo. El eclipse será visible en América, en el occidente de Europa y África.

Eclipse Parcial de Sol: 29 de marzo de 2025, a las 10:48 a 9° de Aries. El eclipse será visible en Canadá, el noroeste africano, Europa y el norte de Rusia.

Eclipse Total de Luna: 7 de septiembre de 2025, a las 18:13 a 15° de Piscis. El eclipse será visible en África, Europa, Nueva Zelanda, Australia y Japón.

Eclipse Parcial de Sol: 21 de Septiembre de 2025, a las 19:43 a 29° de Virgo. El eclipse será visible desde el Océano Pacífico Sur, Nueva Zelanda y la Antártida.

PREVISIONES PARA LOS 12 SIGNOS 2025

A continuación, algunas previsiones para los 12 Signos 2025. Las descripciones para cada signo no dejan de ser generales y podrían entenderse como *"el clima general del año"*. Están calculadas para los 12 signos ascendentes, por lo que, si usted ya conoce su signo ascendente, debe leer ese. Es útil también leer su Signo del Zodíaco; que corresponde a la posición del Sol en la Carta Astral y que determina el sistema de casas solares por lo que también es de importancia.

Recomendamos, para todo aquel que desee tener una mirada más profunda y personalizada, realizar un estudio de tránsitos y Revolución Solar con un astrólogo profesional. Ningún pronóstico u horóscopo que sea escrito de manera general puede reemplazar la guía pormenorizada de una consulta astrológica que incluye el estudio de la Carta Astral y los pronósticos particulares en base a ella.

ARIES 2025

"Lo que hace posible el desarrollo no es la cantidad, sino la calidad de los esfuerzos".
Maurice Nicoll

El signo del Carnero recibe este año la visita de dos grandes planetas, por lo que podemos considerarlo como uno de los signos estrella del 2025. Por un lado, Neptuno, que luego de 160 años entrará en Aries. Lo hará desde el 30 de Marzo 2025 hasta el 22 de Octubre 2025, en los cuales se moverá los 2 primeros grados del signo. Ya en 2026, hará su ingreso definitivo, para quedarse muchos años aquí. Neptuno es un planeta que moviliza sutiles energías provenientes del inconsciente. En especial para aquellos del primer decanato de Aries (con Ascendente en los primero grados o nacidos entre el 20 y 30 de Marzo) será un año de recibir una mayor influencia del inconsciente. Como signo de fuego y de modalidad cardinal, Aries está muy acostumbrado a ir hacia sus metas sin vacilaciones, a mostrarse decidido, y sentirse animado por los desafíos que a otros pueden asustarlos. Sin embargo, con la visita de Neptuno, puede sentirse algo más inseguro o desorientado. Es una oportunidad para incluir aspectos que antes se pasaban por alto, desarrollando mayor sensibilidad y una mirada más sutil de sí mismo y de los demás. Aceptar la propia vulnerabilidad no es de ningún modo sinónimo de debilidad, sino que representa una oportunidad para buscar las ayudas y apoyos necesarios. Pueden sentirse especialmente inspirados en temas ligados a la música, al arte, la espiritualidad y también más abiertos a manifestar un espíritu compasivo, a través de la atención de personas enfermas o vulnerables. Este puede ser un gran cambio para Aries, que siempre es más propenso a estar armonizado con las experiencias que potencian el sentido de fortaleza, vitalidad, dureza y coraje. De no escuchar el "llamado de Neptuno", pueden sentirse presos de estados neuróticos (como de contradicción interior) y con un fuerte descontento, que sin ver cuál es la causa se puede expresar mecánicamente como enojo con los demás.

El otro "visitante" de Aries será Saturno. El "Señor del Karma", como suele llamárselo, hará un breve ingreso en Aries: entre el 25 de Mayo y el 1° de Septiembre. Su influencia mayor será desde 2026 para el general del signo. Aunque a modo de "muestra gratis", llevará una impronta a los primeros grados del signo especialmente. Una etapa de transición en la que Aries está entrando en un período de su vida en el que es obligado a ir más despacio. Lento pero seguro, es una oportunidad de comenzar a formar los cimientos de un nuevo ciclo de vida. Para los más jóvenes es un período de maduración, para aquellos más adultos será una etapa de consolidación, pero al mismo tiempo de asumir cargas o compromisos desafiantes, pero al mismo tiempo que reflejan su fuerte capacidad. No descuide su alimentación, ya que puede haber pérdida de peso y por otro lado una tendencia a una digestión lenta o al estreñimiento, que se puede compensar y corregir con hábitos saludables.

Un tema destacado para Aries es el ligado al sentido de pertenencia, el echar raíces y consolidar sus bases psicológicas, así como su metas familiares y hogareñas. El paso de su regente, Marte por Cáncer (entre Enero y Abril) seguirá marcando los cambios, iniciativas y mucha actividad en relación con la casa, al hogar y a la familia. Puede haber mayores tensiones entre padres e hijos, trate de cultivar la paciencia y comprensión, aunque es probable que en algunos casos sea sano tomar un poco de distancia. Algo que para muchos arianos ya venía sucediendo desde Septiembre 2024. Sea por mudanzas, por refacciones, o por cambios en la composición familiar, parte de su atención y energías serán requeridas en ese ámbito y es importante que las atienda y no las descuide. La segunda parte del año (desde Junio) los temas ligados al hogar y familia pueden pasar por un período de mejoramiento, crecimiento y expansión.
Con el paso de Marte a Leo, desde Mayo, se desplegarán con mayor fluidez sus energías creativas y de liderazgo ligadas: la enseñanza, los hijos, el deporte y empresas en general que podrá llevar adelante con mayor solvencia.

TAURO 2025

"No crecemos cuando las cosas son fáciles. Crecemos cuando enfrentamos retos".
Anónimo

Los taurinos suelen ya saber que desde el 2018 viene teniendo a Urano, el de los cambios repentinos, las sorpresas y la liberación de los apegos, transitando por su signo. El 2025 será el año "de despedida de Urano" ya que ingresará en Géminis del 7 de Julio al 7 de Noviembre. Para hacer su salida definitiva de Tauro en Abril de 2026. Aquellos del tercer decanato del signo (con Ascendente entre 20° y 29°, o nacidos del 10 al 20 de Mayo) sentirán un fuerte impulso al progreso, a liberarse de restricciones y hacia la autonomía. Hay una rebelión contra un viejo estado de cosas y una invitación a una "nueva vida", que implica desapegarse de lo conocido, y la apertura a nuevas oportunidades, quizás inesperadas o incomprendidas por su entorno. Lo importante es que usted esté seguro de los pasos que quiere dar, y si usted está seguro, no detenerse por el temor "al qué dirán".

Júpiter, el planeta ligado a las finanzas, hasta Junio está marcando movimientos económicos importantes. Oportunidades de inversión, pero también nuevos gastos significativos lo obligan a replanificar sus finanzas. Nuevas posibilidades para iniciar actividades que le permitan aumentar sus ingresos. Puede sentirse más generoso de lo habitual, también es una oportunidad de ayudar a otros. Sin embargo, se recomienda evitar gastos exagerados o extravagantes. A partir de Junio, y durante el resto del año, la expansión y crecimiento estarán relacionados con estudios, actividades educativas, viajes, mudanzas y con las relaciones con su entorno. Puede estar más comunicativo, sentir la necesidad de desarrollar y mejorar su medio ambiente, relacionándose con nuevas personas, quizás más jóvenes que usted o bien jupiterianas en el sentido psicológico (idealistas, joviales, filosóficos, aventureros). Oportunidad de cultivar una actitud más abierta y comprensiva, y de entender de manera más práctica (y menos teórica) el mundo que los rodea.

Plutón desde Acuario marca para Tauro un largo proceso de profunda transformación interior, de muerte y nacimientos simbólicos, especialmente en cuanto a sus metas de vida, sus ambiciones y su profesión. Renovación de energías y es posible que sienta un llamado a realizar su verdadera vocación.

Su planeta regente, Venus, la diosa del Amor y las Artes, este 2025, irá retrógrado desde el 2 de Marzo hasta el 12 de Abril, moviéndose entre los signos de Aries y Piscis por esas fechas. Durante ese período pueden estar más introspectivos y sorteando algunos obstáculos en las relaciones. Puede usar este período para reevaluar y avanzar con más claridad en sus sentimientos y en el tipo de vínculos que desea construir.

El Nodo norte pasando por el sector ligado a los grupos, amistades, colegas y asociaciones le indica un año de asimilación de nuevas amistades. Puede asociarse con personas con quienes comparte un ideal común, conectado con temas artísticos, místicos, psicológicos y de asistencia social, entre otros.

Durante la segunda quincena de Abril habrá una fuerte tensión para los signos fijos, entre los que se encuentra Tauro. Para el signo del Toro pueden manifestarse desafíos relacionados con el hogar y la familia. Si bien este aspecto durará unas semanas, sus efectos movilizantes y transformadores podrán verse de manifiesto en relación con la vivienda, la familia o los padres. Podrán sentirse algo "tironeados" entre exigencias ligadas al hogar o al pasado familiar, y por otro lado, nuevas oportunidades de crecimiento. En particular aquellos de los primeros grados del signo siguen recibiendo a Plutón que marca el fin de una etapa y un nuevo nacimiento. Puede sentirse como una crisis, pero hay que verla como algo necesario o, al menos, inevitable para avanzar hacia un nuevo capítulo en sus vidas, especialmente en relación con sus metas, vitalidad y sentido de identidad. Lo que es seguro es que este es un año donde Tauro, si pone en juego su capacidad de realización metódica, paso a paso, sin detenerse, tendrá a disposición una fuerte energía de renovación.

GÉMINIS 2025

"No consumas parte de tu vida en hacer conjeturas sobre otras personas, al imaginar que hace fulano y por qué, te apartas de la observación de tu guía interior".
Marco Aurelio

Es un año importante para el signo de los gemelos, debido a que este Año Mundial es Ascendente Géminis, y que el planeta regente del año es Mercurio (su planeta gobernante). Además, el planeta Urano, estará entrando en Géminis durante unos pocos meses, algo que no sucedía desde hace 84 años. Urano traerá sorpresas, cambios rápidos a los que necesitará adaptarse, pero al mismo tiempo, una actitud más abierta, original, creativa e innovadora. El lado difícil de esta influencia es que aumentan el nerviosismo, la ansiedad y el estrés. Urano es el "despertador", su energía nos sacude del letargo, brindando energía para hacer cambios. Sin embargo, genera también inquietud e inconformismo. Valore las cosas simples de la vida y evite caer en la trama de la insatisfacción permanente.

Los gemelos continúan recibiendo la visita de Júpiter por su signo, que se extenderá hasta Mayo 2025. Júpiter es el planeta de la búsqueda de expansión y mejoramiento, del optimismo y la confianza. En el signo de Géminis, se halla en exilio, es decir opuesto a su domicilio natural (que es Sagitario) por lo que aquí su influencia puede ser algo dual e inestable. Por un lado, le aporta una visión más optimista respecto de sus proyectos, estos pueden estar ligados a viajes, a cooperación en sociedades de tipo comercial, firmas de nuevos contratos, o una mayor vida social en general. Por otro lado, tendrá una tendencia a los excesos. En el plano físico, sea más controlado con comidas y bebidas. En el plano mental el exceso de diálogo interior lo puede desgastar ya que aumenta las "preocupaciones", que como la palabra lo indica, es algo previo a ocuparse, es decir, sin hallar soluciones. El exceso de nervios puede llevarlo también a olvidos, descuidos, pérdida de objetos, etc. Una de las claves estará en traer la mente al aquí y ahora. Evitando derivarse en conflictos del pasado, o temores acerca del futuro. Es una invitación a desarrollar la Fe, abriéndose a nuevos puntos de vista más amplios acerca de la vida: ligados a la filosofía, la metafísica o la religión. Desde Mayo 2025, la búsqueda de crecimiento estará orientada a la economía. Puede haber un incremento de los gastos, pero también oportunidades de aumentar los ingresos. Puede estar tomando nuevas decisiones sobre inversiones y la administración de sus recursos.

Debido a que, tanto Saturno como Neptuno, seguirán gran parte del 2025 en Piscis, signo con el que Géminis forma una cuadratura, será importante que cuiden su relación con su cuerpo, su salud y hábitos en general. Es un buen momento para hacer chequeos y esforzarse en buscar buenos profesionales y terapias que lo beneficien, le den seguridad y una guía adecuada. Si no está conforme, o tiene dudas, valdrá la pena invertir tiempo y dinero en mejores alternativas. El cuidado y atención de las necesidades de su cuerpo serán temas fundamentales a atender este año, indicados por distintas posiciones astrológicas, específicamente de Saturno y los Nodos.

El avance de Plutón por Acuario forma un armonioso trígono de Aire, y potencia sus habilidades para profundizar en estudios, nuevos proyectos ligados a la educación, actividades con el extranjero y viajes, entre otras cosas. Es posible que otras personas acudan a usted en busca de guía, apoyo o liderazgo en temas de negocios o cuestiones profesionales.

El eje de los nodos pasando este año por Piscis y Virgo, indica la asimilación de nuevas metas y ambiciones profesionales, así como cambios y obstáculos a superar en el hogar y los vínculos familiares más íntimos. Es tiempo de dejar de lado el consumo de contenidos tóxicos para su mente y dar más espacio a los conocimientos y los vínculos verdaderamente nutritivos. Priorice la calidad en todo lo que haga, y no la cantidad.

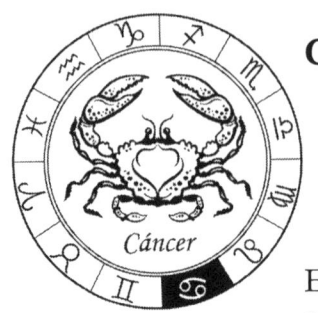

CÁNCER 2025

"La verdadera educación consiste en obtener lo mejor de uno mismo".
Gandhi

El año 2025 comienza para Cáncer muy activo y exigido al mismo tiempo, debido a que Marte se encuentra visitando su signo nuevamente por su retrogradación (ya había pasado por Cáncer en Septiembre y Octubre 2024). Marte es el planeta de la autoafirmación. Desde el 6 de Enero y hasta el 17 de Abril estarán recibiendo una dosis extra de energía, que puede manifestarse como coraje para tomar decisiones y llevar adelante iniciativas desafiantes con mayor independencia y seguridad en sí mismo. Al mismo tiempo, Marte crea una energía de tensión y de lucha, por lo que puede encontrarse más reactivo, con explosiones emocionales que entorpecen la realización de sus metas, por lo que se recomienda manifestar esta energía con moderación. Puede sentir una dosis extra de energía que canalizar a través de rutinas de ejercicios o deportes. Sin embargo, hay una tendencia a la precipitación, respete los límites de su cuerpo y evite accidentes.

Desde inicio del año hasta Mayo inclusive, las energías de expansión y crecimiento estarán orientadas a su mundo interior: por medio de la meditación, el análisis de los sueños, el estudio de la psicología profunda y el aprendizaje sobre temas ligados a la religión o espiritualidad. Es posible que no tenga efectos "espectaculares" en lo externo, pero es una oportunidad única de comprenderse mejor a usted mismo y cerrar historias de su pasado, que le pueden impulsar a liberarse viejas culpas o complejos por medio de la comprensión.

Una de las novedades que trae 2025 para el signo de Cáncer es el ingreso del planeta Júpiter desde los primeros días de Junio (y durante todo un año). Júpiter es el planeta que empuja hacia el crecimiento y la expansión, así que es una buena época para perfeccionar sus conocimientos y planificar a futuro. Por medio de la asociación con otras personas pueden alcanzarse nuevas oportunidades. A nivel de la salud lo impulsa a cuidarse más y ocuparse más de sí mismo. Sin embargo, es prudente evitar excesos en la alimentación y ajustar su dieta a sus necesidades reales. El ingreso del Nodo Norte en Piscis forma un aspecto armonioso para los cancerianos, favoreciendo nuevos proyectos educativos y profesionales. Además, se pueden presentar oportunidades relacionadas con el contacto con el extranjero, el comercio internacional y los viajes, aunque siempre dependerá de la totalidad de la natal individual. Por otro lado, probablemente se sienta limitado en su medio ambiente, incomprendido o desmotivado para comunicarse con personas de su entorno (parientes, hermanos, vecinos, personas que lo rodean en general). Si esto sucede, será un indicativo de dos cosas: por un lado, le muestra la necesidad de desarrollar más paciencia a la hora de comunicar sus ideas. Por otro lado, la necesidad de ampliar su círculo social a través de alguna nueva actividad que lo motive y que coincida con sus intereses actuales; lo que puede implicar tomar más distancia de algunas personas de su entorno. Este año Cáncer puede lograr una mayor claridad en las relaciones humanas, comprendiendo la importancia de asociarse con personas afines y compatibles.

Del 25 de Mayo al 31 de Agosto, el planeta Saturno formará aspectos desafiantes para los cancerianos (especialmente para aquellos del primer decanato). Es llamado a asumir importantes responsabilidades y puede sentirse algo desganado o fatigado. Siga su propio ritmo y evite caer en un enfoque pesimista. Debemos recordar que Saturno llega a nuestras vidas siempre para enseñarnos algo que antes no veíamos, para volvernos más sensatos y concentrar nuestra energía sin dejar que se desperdicie. Por ello, si bien pueden manifestarse obstáculos, esto no significa que no podamos sortearlos. A veces, simplemente nos está mostrando que necesitamos hacer un esfuerzo extra. El vínculo con el padre, con jefes o con la autoridad en general puede verse algo entorpecido en este período, adopte una actitud flexible y considere las dificultades de las otras personas para evitar enojos innecesarios.

LEO 2025

"Nunca estarás solo si aprendes a hacerte amigo de ti mismo".
Anónimo

El signo del León comienza el año con el apoyo de la posición de Júpiter en Géminis. Hasta fines de Mayo será un período favorable para expandir sus asociaciones y la coordinación de proyectos en grupo. La actividad grupal y con amigos se expande. Es más beneficioso para usted trabajar en equipo en este momento. Puede incorporarse a organizaciones de carácter humanitario, científico o espiritual. Si usted ya forma parte de una empresa u organización, puede ser llamado a ocupar un lugar más destacado y relevante. Es una época para llevar adelante sus ideales, de los cuales puede obtener cierto reconocimiento. El carácter generoso de Leo se potencia con esta influencia de Júpiter, donde el dar y recibir fluyen con más naturalidad. Marte estará transitando Leo del 18 de Abril al 17 de Junio. Durante este periodo, el planeta de la acción potenciará su energía y vitalidad, dándole una energía extra para poner en marcha sus emprendimientos. Puede ejercer con naturalidad posiciones de liderazgo o ser llamado a tomar importantes decisiones, tendrá el coraje y el empuje para hacerlo. Deberá evitar involucrarse en actividades "faraónicas", es decir actuar sin excederse, conociendo sus límites. Así como Marte puede ayudar, también puede perjudicar cuando no se controla la propia energía, generando una actitud avasallante o agresiva sobre los demás. Cuando esta energía se expresa de manera inconsciente, puede producir accidentes por actitudes temerarias o imprudentes. Es posible prevenirlos actuando con precaución, especialmente en la conducción de máquinas y en el uso del fuego, elementos regidos por Marte.

A partir de Junio 2025 y hasta fin de año, la entrada de Júpiter en Cáncer, indica para Leo un período de asimilación de experiencias del pasado, es un período más introspectivo. Potencia el carácter religioso, meditativo y contemplativo. Si bien Leo siempre es un signo ligado a la acción fogosa, esta energía lo llevará a buscar mayores momentos de retiro de la actividad diaria para nutrir su mundo interior y su vida hogareña y familiar.

Para Leo este año se afianza la entrada de un período de renovación de sus vínculos y asociaciones. En la pareja o en las sociedades comerciales, esta energía pide vínculos profundos, trascendentes e integrales. Esto implica que haya cambios en la forma de construir las relaciones, apuntando a poner en valor lo esencial, y dejar de lado las superficialidades. Si funciona muy mecánicamente con esta energía, puede proyectar el mal en el otro, viéndolo como la causa de los problemas, sin aceptar la propia Sombra (el lado oscuro de nosotros mismo, es decir los defectos inconscientes).

Urano, durante el 2025, se despide de Tauro, signo desde el cual formó tensiones para Leo y generó muchos cambios e inestabilidades respecto a sus metas y profesión. Todavía en 2025 estará funcionando esta energía, especialmente para aquellos que pertenecen tiene su Ascendente entre los grados 20° y 29° de Leo, así como para aquellos que pertenecen al tercer decanato del signo. Sin embargo, desde Julio hasta Octubre, la breve entrada de Urano en Géminis será el inicio de una nueva etapa de gran renovación y un nuevo ciclo en sus objetivos y proyectos hacia el futuro, con nuevas ideas, propuestas estimulantes e incluso ayudas que pueden manifestarse de parte de amistades.

El ingreso de los Nodos en el eje Piscis-Virgo, marca un año para asimilar los miedos e inseguridades más profundas. Es posible tener más presente el sentido de la impermanencia de todas las cosas. Tomar consciencia de nuestra propia finitud no es tarea fácil de digerir, y puede ser doloroso de aceptar. Sin embargo, darnos cuenta de lo impermanente de la existencia nos puede convertir en mejores personas, ya que cada momento se transforma en precioso. Como se dice en el budismo, podemos así dar mayor valor a "esta preciosa existencia humana".

VIRGO 2025

"La solución depende de mirar lo sencillo y natural".

Lao Tsé

Virgo comienza el año acompañado por la energía de Venus y Mercurio, que durante casi todo el mes de Enero, favorecerán las actividades sociales, culturales y artísticas.

El ingreso del eje de los Nodos en Piscis y Virgo, a partir de Febrero y durante todo el resto del 2025, marca un hito importante (que no sucedía desde 2006 y 2007). Aquí los virginianos serán llamados a consolidar una visión más clara respecto de sus vínculos, especialmente los de pareja y las sociedades comerciales. Es posible que tanto los socios, como la pareja, demanden mayor apoyo de su parte. Virgo con su servicialidad natural y capacidad e inteligencia resolutiva puede asistir a los demás, y se sentirá muy gratificado si lo hace. Todo lo que damos, vuelve a nosotros. Si usted no se encuentra en una relación ni tampoco tiene socios, esta energía es un llamado a unirse con otros, asociarse y complementarse con los demás.

El Nodo Sur transitando su signo, le indica que es un momento para liberarse de modos erróneos de verse a sí mismo. Una imagen distorsionada de nosotros mismos, en el sentido de lo que Jung llama "inflación del Ego", hace que sintamos que "nadie está a nuestra altura", generando distancias artificiales. Por el contrario, una imagen deflacionada crea emociones negativas de victimización y aislamiento tales como "no soy suficiente para los demás". Esta energía lo llama a dejar de lado el egocentrismo y la importancia personal, que en definitiva es lo que lo aleja de sus relaciones. Eso no significa olvidarse de uno mismo, sino tener la capacidad de ser más flexibles y adaptables a las necesidades de los demás. La clave sería buscar un equilibrio entre "la razón y el corazón" (lo que en la Psicología del Cuarto Camino se llama el Centro Intelectual y el Centro Emocional, los sentimientos), lograrlo no es tarea fácil. Puede ser que reconozca contradicciones en usted mismo ("pienso una cosa pero siento otra"). Existen conocimientos de la Psicología Profunda para aprender a superar las contradicciones y dominar la Sombra.

Este movimiento de los Nodos coincide con la última etapa del paso de Saturno y Neptuno por el sector de las relaciones y sociedades, que para Virgo ha sido un tema recurrente de desafíos estos últimos años.

El paso de Júpiter por Géminis, a través del sector ligado a la profesión, viene marcando desde el 2024 una búsqueda de crecimiento y expansión en las metas profesionales. La tensión con Saturno, hace que este camino sea trabajoso. Saturno barre con los excesos de ambición, y permite forjar una ambición más centrada y realista.

A partir de Junio, con la entrada de Júpiter en Cáncer, las energías de expansión y crecimiento estarán muy ligadas a proyectos a futuro, que pueden tener que ver con la vivienda, el hogar y la familia (las amistades y los grupos pueden ocupar espacios afectivos análogos a la familia). Momento de nutrir a otros y de nutrirse de los demás.

En la esfera laboral, se evidencian presiones y un cierto desgaste. Estará en un proceso de reestructuración; es posible que busque una renovación en esa esfera, lo que podría llevar tiempo para estructurarse. Especialmente los del primer decanato de Virgo (Ascendente en los primeros 10° del signo o nacidos entre el 23 de Agosto y el 2 de Septiembre), pueden atravesar crisis con su trabajo o con personas del entorno laboral. Por otro lado, es un buen año para hacer foco en su alimentación y en la relación con su cuerpo y su mente. Escuche los mensajes de su cuerpo.

LIBRA 2025

"Si tú eres justo, tus obras también serán justas".
M. Eckhart

Libra inicia el 2025 con la presencia de su planeta regente, Venus, transitando el signo de Piscis. Durante todo Enero, puede traer más armonía y disfrute en su trabajo y rutina cotidiana. Dependiendo de su actividad, puede facilitarla, especialmente en áreas ligadas a los servicios, la psicología, el arte y la venta de artículos de decoración e indumentaria.

En el mes de Febrero, el foco estará puesto en la pareja, lo que podría dar lugar a una comunicación más fluida. Favorece las reuniones sociales y las relaciones públicas. En cambio, a partir del 2 de Marzo, Venus irá retrógrado, marcando un período de 40 días, durante el cual puede experimentar un estado de ánimo más introspectivo y solitario de lo habitual. Del 2 de Marzo al 13 de Abril, necesita reevaluar su enfoque sobre las relaciones, los negocios y asociaciones, las finanzas, los valores y sentimientos de autoestima. Este proceso involucrará las áreas de la pareja, del trabajo y la salud. Evite caer en la pereza y en quedar atrapado en hábitos que lo perjudican. La búsqueda de crecimiento y mejoramiento, hasta el mes de Mayo inclusive, estará enfocada en los estudios. Deseos de aprender y de perfeccionarse. Es un posición que facilita viajes y contactos con el extranjero (dependiendo de la totalidad de su Carta Astral). Además, propicia tareas como el escribir, publicar y hablar en público, porque puede encontrarse más entusiasta en manifestar ideas. Puede haber mayor interés en ideas de carácter filosófico, religioso o incluso político, que lo inspiran. Si bien Libra siempre busca el equilibrio, deberá cuidarse de no caer en posiciones fanáticas o dogmáticas.

En Junio, la entrada de Júpiter en Cáncer puede traer progreso en su profesión u ocupación. Las ambiciones son altas y las expectativas, difíciles de colmar. Así que puede haber una sensación de decepción o frustración. Para evitarlo, lo ideal es "apuntad bajo, que daréis en el blanco". La posición de Saturno le indicará que el camino al progreso y al reconocimiento requieren de organización, disciplina y esfuerzo diario.

El énfasis en el elemento Aire, dado por la posición de Plutón en Acuario y la de Urano en Géminis (de Julio a Noviembre del 2025), puede ser potencialmente inspirador para Libra. Urano y Plutón son planetas Transpersonales, ligados al Inconsciente profundo, lo que se manifiesta de un modo más sutil y menos evidente. Sin embargo, puede ser una oportunidad para empezar a reconciliarse con su pasado por medio del camino de la comprensión y del entendimiento. De lo contrario, puede sentirse atascado, queriendo volver a un pasado que ya fue, o bien, negando y reprimiendo parte de su historia. El trabajo de "hacer consciente lo inconsciente" es lo que Jung llama el Proceso de Individuación. Es muy deseable estudiar y practicar la psicología de Jung, ya que le puede brindar muchas respuestas.

Marte pasará por Libra del 7 de Agosto al 21 de Septiembre, período en el cual tendrá más energía personal e iniciativa. Puede aportarle la autoconfianza necesaria para tomar decisiones y una mayor fuerza de voluntad. Aunque también hay mayor predisposición a chocar con los demás.

Desde el 22 de Septiembre hasta el 4 de Noviembre, con el paso del planeta de la acción por el sector ligado a su economía, se pondrá el énfasis en aumentar sus ingresos, con iniciativas en negocios o inversiones. Pero tenga en cuenta que también esta energía aumenta el deseo de obtener cosas, evite incurrir en gastos imprudentes.

Un famoso Sol en Libra fue Gandhi, cuyos lemas fueron "no violencia" y "la fuerza de la verdad", ambos ideales pueden servir de faro a la Humanidad, y resonar especialmente este año para quienes encarnan la energía del signo de la balanza.

ESCORPIO 2025

"No existe la casualidad, y lo que se nos presenta como azar surge de las fuentes más profundas del destino".
Schiller

Escorpio comienza el 2025 con la presencia de su planeta regente, Marte, en período de retrogradación, algo que se produce cada 2 años. El despliegue de los proyectos va más lento de lo habitual. Sin embargo, puede ser un momento de prepararse para la acción y de dejarse guiar menos por sus deseos y pasionalidad, y más por la racionalidad. Desde el 24 de Febrero en adelante Marte comienza su marcha directa, lo que impulsará una acción más directa y una mayor fluidez en sus iniciativas y proyectos. Forma armoniosos aspectos hasta el 18 de Abril, que potencian su capacidad de tener relaciones internacionales o con personas extranjeras, sea por motivos culturales, sociales o comerciales. Puede ser un momento muy creativo en lo intelectual, favoreciendo su capacidad para defender sus ideas y puntos de vista. Por otro lado, propicia estudios, dictado de clases, organización de eventos culturales, gestión de viajes y publicaciones, entre otras cosas.

Estas oportunidades de crecimiento en el área ideológica, educativa, espiritual y cultural, así como en viajes o contactos con el extranjero, se potenciarán a partir de Junio y hasta fin de 2025, con el paso del expansivo Júpiter por el signo de Cáncer. Esta es una influencia que se produce cada 12 años, por lo que será importante trabajar para aprovechar las oportunidades de desarrollo que se le presenten en esas áreas. A partir del 19 de Abril, con el ingreso de Marte en Leo, podrá estar muy focalizado en llevar adelante sus empresas y ambiciones de un modo más evidente, algo que puede generar choques y tensiones con sus jefes o compañeros de trabajo. Evite una actitud arrogante, y canalice esta energía para trabajar positivamente en sus objetivos. Las exigencias y tensiones pueden presionarlo en su profesión a asumir más tareas, o bien a tener más decisiones a su cargo y un papel de cierto liderazgo. Trate de mantener un equilibrio entre sus ambiciones profesionales y su vida íntima y hogareña, de lo contrario, puede descuidar la vida personal.

Los escorpianos vienen recibiendo la energía de Plutón en Acuario, por etapas, desde 2024. Ahora en 2025, ya con más fuerza, se plasman los cambios gestados en relación con su hogar, vivienda y familia. Puede coincidir con reformas en la vivienda, mudanzas o cambios en la composición familiar o de las personas que convivan con usted. Es una experiencia transformadora que moviliza sus bases. Dependiendo de toda su carta natal, y también de su edad, podrá tener repercusiones en el modo en que se relaciona con su pasado, con condicionamientos familiares o con sus padres. Las bases se mueven, y eso puede generar algo de inseguridad, aunque Escorpio sabe que en la vida lo único permanente es el cambio y la renovación. Si hace uso de su potencial de transformación, lo vivirá con más naturalidad.

Los aprendizajes muy concretos de este 2025 tendrán que ver con sus hijos (si lo tiene) y con su forma de manifestar sus sentimientos y pasiones, y con su vida afectiva en general. Esto se debe a lo que marca el Nodo Norte para Escorpio, como representante de lo que debe asimilar y aprender este año. Además, se refuerza porque Saturno continúa la mayor parte del año pasando por Piscis. Saturno lo pone a prueba en temas asociados con sus hijos y algunas preocupaciones demandan su atención reflexiva. Quizás, su aprendizaje sea ejercer la autoridad materna o paterna, sin perder la ternura. Por otro lado, actividades que antes lo entretenían o divertían, ahora pueden carecer de interés para usted. También indica una etapa de maduración y la necesidad de asumir más compromisos en las relaciones afectivas.

SAGITARIO 2025

"El mundo y las relaciones humanas son un gran gimnasio mental donde nos ejercitamos para elevarnos espiritualmente".
Swami Vivekananda

Este año 2025 comienza muy enfocado en el tema de las relaciones humanas y Sagitario tiende a ser más independiente y autodidacta, lo que a veces lo lleva a desechar las advertencias de los demás. Pero hasta el 9 de Junio, la posición de su planeta regente, Júpiter, en el sector de las asociaciones, indica que este es un año para tomar más consciencia de la importancia de ser más receptivos, asociarse y compartir con otros. Necesita tener en cuenta el consejo de los demás a la hora de actuar. Busque la opinión de personas con conocimiento y de confianza, cuando lo necesite.

Por otro lado, puede tomar un rol activo en las relaciones, dando guía, enseñando o compartiendo su experiencia con mayor entusiasmo. ¡Cuidado! Esta energía lo lleva a proyectar muchas fantasías, impidiéndole ver a los otros objetivamente. De su parte, existen grandes expectativas a la hora de relacionarse con los demás. Dependiendo del nivel de objetividad con el que encare sus relaciones, serán las posibilidades de lograr satisfacciones como frutos de sus vínculos o de sentirse decepcionado o frustrado.

Desde Enero y hasta mediados de Abril, Marte le indica que es tiempo de reconocer sus miedos ocultos. Sagitario es un signo confiado y aventurero, por lo que no suele tener muy presentes sus temores. Esto le permite tener una actitud de coraje, pero también lo expone al peligro por temeridad. Ahora es su oportunidad para aprender la diferencia entre el miedo instintivo y el miedo emotivo (basado en fantasías). El miedo emotivo es de carácter subjetivo y está ligado a los complejos, por lo que se convierte una barrera que detiene si no se trabaja sobre ellos para superarlos. En cambio, el miedo instintivo es nuestro aliado fundamental para la supervivencia.

A partir del 18 de Abril, con el paso de Marte por el ígneo Leo, el sagitariano recibirá un impulso muy propicio para los estudios superiores, los viajes, los contactos con el extranjero y el comercio internacional. Favorece publicaciones, escritos, dictado de clases o actividades de promoción cultural.

Los cambios intensos de 2025 para Sagitario están ligados a su forma de pensar, las categorías mentales con las que se interpreta a sí mismo y sus circunstancias están en transformación. Puede descubrir que estuvo preso de una forma equivocada o muy parcial de interpretar la realidad, lo que le produjo emociones aflictivas. No confunda éxitos con fracasos.

El Nodo Norte, entrando en el signo mutable de Piscis, forma tensiones a lo largo del año en relación al hogar y la familia. Es un tiempo en el que usted es llamado a comprender su misión en su hogar y a trabajar para ejercer sus roles familiares de una manera más atenta y amorosa. Es posible que los temas profesionales queden en un segundo plano por momentos, ya que es mucho lo que sucede en su interior y en su vida íntima. Oportunidad para echar raíces.

Saturno, el maestro, le indica que pueden surgir inconvenientes a solucionar en la vivienda, artefactos que se rompen, o dificultades a solventar en relación a la convivencia hogareña. Las pruebas tendrán que ver con lograr pulir asperezas con alguno de los padres o familiares cercanos. Trate de priorizar el afecto y la ternura por sobre todas las cosas, y también de tomar sana distancia de quienes buscan poner piedras en su camino. Atravesará cambios psicológicos, por lo que es una oportunidad para aprender herramientas de la psicología profunda, como la psicología de C. G. Jung. Usted tiene un gran potencial para entrar en un nuevo ciclo vital este año.

CAPRICORNIO

"No deberíamos pensar tanto en lo que hacemos, sino en lo que somos".
M. Eckhardt

Capricornio es uno de los signos destacados del 2025. Su planeta regente, Saturno, este año forma la conjunción con Neptuno, lo que indica un importante nuevo ciclo que ocurre aproximadamente cada 36 años. La última vez que se había producido esta conjunción fue en 1988, por lo que para los más jóvenes será la primera vez en su vida que experimenten esta influencia. Usted siente la necesidad de concretar sus ideales en su medio ambiente y mediante los estudios. Puede trabajar por un ideal y sacrificarse por sus objetivos, y especialmente querrá rodearse de personas más afines a sus actuales metas. Esto puede implicar viajes cortos, mudanzas, nuevos intercambios con hermanos, parientes y compañeros de estudios o de trabajo. Por momentos, puede sentirse algo aislado o alejado de los demás. Al mismo tiempo, puede experimentar una época de incertidumbre e inseguridad respecto de qué es lo real en su vida. La disolución de proyectos estructurados puede minar la confianza en sí mismo. No obstante, mientras que se disuelven algunas metas, puede construir nuevas realidades que incluyan aspectos más profundos de usted mismo. Por ejemplo, si antes veía su trabajo o profesión desde una perspectiva superficial o utilitarista, ahora puede trabajar para verlo de un modo más amplio, incluyendo sus necesidades psicológicas y espirituales. ¿Cómo se siente respecto de su actividad y que aprende de ella cada día? ¿Qué aporte brinda a las demás personas a través de las tareas que desempeña?

Es recomendable hacerse algún chequeo de salud este año, y tratar de optar por hábitos saludables y preventivos. Este tránsito puede dar tendencia a manifestaciones psicosomáticas de difícil diagnóstico, es decir que el cuerpo expresa señales de temas que necesita atender. Por eso, ir a la raíz del conflicto radica en comenzar a atender su propia Totalidad, como consideraba la Filosofía griega: Soma-Cuerpo, Pisque-Alma y Nous-Espíritu. Cuide la función hepática y la digestión mediante hábitos saludables.

La posición de Júpiter hasta el mes de Mayo inclusive puede ofrecer alguna oportunidad de expansión en su trabajo. También puede ayudarle si busca empleo o si desea mejorar sus relaciones laborales.

Desde Enero hasta Abril, Marte transita el sector ligado al matrimonio, la pareja y los socios. Puede generar tensiones en las relaciones, evite tener una conducta agresiva. Si mantiene una actitud flexible, tal vez sea un período estimulante en sus relaciones, con mucha dinámica e iniciativas a través de la pareja o los asociados.

La relación matrimonial, la pareja y los socios seguirán siendo temas que acapararán su atención este año, por el ingreso de Júpiter en Cáncer que se producirá en Junio, y seguirá aquí hasta el 2026. Podrá solventar las tensiones, y trabajar para hacer crecer sus vínculos y llevarlos a un nivel superior. Así como el jardinero riega y cuida las flores cada día, del mismo modo este es el momento de nutrir sus vínculos. Beneficios pueden llegar a través de la pareja o de las relaciones sociales: propuestas estimulantes, consejos o proyectos en común ligados al crecimiento personal. Además, es propicio para diligenciar asuntos legales, así como para el manejo de las relaciones públicas y actividades educativas y culturales.

Los cambios y transformaciones estarán ligados a la economía y las finanzas. Puede augurar grandes fluctuaciones y la necesidad de practicar cierto desapego de posesiones materiales. Por otro lado, es posible que una visión del dinero como un medio, y no como un fin, esté desarrollándose en usted con más fuerza. Plutón le pide integrar la falsa dualidad mente y cuerpo, entendiendo que ambos son dos caras de una misma moneda.

ACUARIO

"La vida sólo puede ser comprendida mirando hacia atrás, pero ha de ser vivida mirando hacia adelante".
Kierkegaard

Acuario es otro de los protagonistas del momento, ya que Plutón este 2025 llegó para quedarse en este signo y será su "leitmotiv".

Los acuarianos pueden experimentar desde Enero hasta el 18 de Abril, tensiones en el ámbito laboral. Sin embargo, este período también les brinda una oportunidad para canalizar su energía en su trabajo y superar los obstáculos con determinación. Plutón le indica que se encuentra usted en pleno proceso de transformación. Este planeta marca aquello de su propia personalidad e identidad que ha de dejar atrás. Los cambios que Plutón le indica son transiciones lentas, pero definitivas. Algo que hemos de dejar atrás y que ya no regresará. A veces se produce una sensación de duelo, pero como el mismo Plutón marca, los cambios crean el terreno necesario para que lo nuevo nazca en usted. Y el proceso es insoslayable, no es opcional. Por ello, es importante trabajar en la aceptación de lo que podríamos llamar "el destino personal". Si bien muchas veces los tránsitos plutonianos indican aquella "noche oscura del alma", a la que se refería San Juan de la Cruz, también pueden brindar una energía adicional que le permita desarrollar su fuerza de voluntad y demostrar a los demás y a sí mismo su poder de determinación. Debido a que Plutón no conoce términos medios, usted debe evitar medir las experiencias en una forma dualista irreconciliable. Evite caer en la simplificación de ver el enemigo siempre fuera, admita la posibilidad de observar el enemigo interior. Reconocer lo que Jung llamara la Sombra es parte de esta experiencia, y también luchar contra ella.

Hasta la primera semana de Junio, las energías de expansión y crecimiento estarán asociadas a su capacidad creativa y a la vida afectiva en general. Las relaciones con los hijos pasan por un buen momento, puede indicar nuevos nacimientos en la familia. Puede sentir deseos de auto gratificación, buscando actividades recreativas ligadas al arte, el deporte o el aire libre. Evite una actitud demasiado egocéntrica o hedonista.

A partir de Junio, las posibilidades de mejoramiento se pueden manifestar en el área laboral. Aquí hay una "luz verde" para poner en marcha o desarrollar proyectos laborales o buscar trabajo, el mismo puede estar asociado con la familia o desarrollarse en el ámbito hogareño. Los impedimentos a superar tienen que ver con la falta de disciplina y la inconstancia.

El regente tradicional de Acuario es Saturno, que este año forma una especial conjunción con Neptuno, algo que se produce cada 36 años. Por ello, sus pruebas concretas este año tienen que ver con sus valores y con el manejo de su economía. Pueden aparecer algunas fantasías ligadas a proyectos económicos, debido a que ambos planeta (Saturno y Neptuno) poseen una naturaleza muy opuesta. Los temas materiales pueden tambalear si no están construidos sobre sólidas bases. Es mejor ir paso a paso, con humildad y espíritu de sacrificio, que querer "tomar el cielo por asalto". Cuídese de las estafas (tome precauciones para no sufrirlas) y elija siempre ser transparente en sus negocios con los demás.

Urano es el co-regente de Acuario y, en 2025, hará su primer (aunque breve) ingreso en Géminis. Formará durante 7 años armoniosos aspectos con Acuario, marcando un impulso a liberarse de las barreras que lo limitan. Sin embargo, es posible que hasta 2026 no se manifieste con toda claridad esta energía. Se encuentra Acuario entonces, en un año importante de transición hacia lo nuevo que se desarrollará en la medida en que Urano avance por el signo de los gemelos con más fuerza en 2026.

PISCIS

"Vivimos en el mejor de los mundos posibles".
Gottfried Leibniz

Para Piscis el 2025 tiene condimentos importantes. Luego de casi 19 años, el Nodo Norte de la Luna vuelve a visitar Piscis. Desde Febrero hasta Diciembre (y parte del 2026) los Nodos le indican que es tiempo de darse cuenta de la importancia de tomar en sus manos su propio destino. Puede sentir que ya no puede endilgar culpas a los demás por sus propias decisiones (o indecisiones). Si lo asume de este modo, usted se sentirá con más seguridad en sí mismo, incluso sin importarle cuando en su entorno no estén de acuerdo.

Su planeta regente, Júpiter, transita de Enero hasta el 9 de Junio, el sector ligado con el hogar, la familia, la vivienda. Aquí se manifestarán importantes cambios, ligados a su necesidad de crecimiento interior, y al bienestar del hogar y la familia. Puede coincidir con inversiones en inmuebles, refacciones, arreglos o incluso mudanzas de vivienda. Aunque las cosas no resulten ideales, debido a las tensiones con Saturno, vale la pena apostar la energía a la nutrición del hogar.

Es posible que en 2024 haya tenido que asumir mayores cargas y responsabilidades nuevas. También que la relación con su padre y con autoridades (como un jefe, maestro, funcionarios, personas ancianas, etc.), haya tenido una fuerte influencia sobre usted. Si aún no sucedió, puede que esto se manifieste en 2025.

Por otro lado, esta energía indica que además de buscar seguridad o apoyo en los demás, ahora es tiempo de mirar hacia usted mismo y reconocer a esa autoridad interior. Es el arquetipo de Saturno, que proyectamos fuera, pero que está en cada uno de nosotros. Si usted se detuvo en su marcha por temor a ser juzgado o por miedo a no ser aceptado, este año necesita hacer los ajustes necesarios para mostrarse un poco más espontáneamente, con menos temor. Eso lo podrá hacer en la medida en que encuentre su "autoridad interior". Para algunos Piscis, es también tiempo de revisar si no se ha vuelto un poco duro con usted mismo y con los demás. No deje nunca que se "enfríe" su corazón. Cuide la salud, ya que a veces Saturno produce una baja de energía, y mayor cansancio.

Desde el 25 de Mayo, hasta el 1° de Septiembre Saturno se aleja de Piscis, al ingresar en Aries. Este será un período de alivio de este proceso de autoexaminación, y la oportunidad de verse a usted más maduro y fuerte que hace 2 años atrás. Inicia un proceso de concreción de objetivos materiales, ligados al desarrollo de su economía y de sus recursos laborales (facilita el proceso de adquirir más formación, para mejorar su capacidad de trabajo). También es momento de tomar consciencia del paso del tiempo, para algunos puede esto tomar un cariz negativo, tocando estados de ánimo algo bajos o incluso depresiones. Sin embargo, si se apoya en la posición de Júpiter, que lo asistirá desde Cáncer, a partir de Junio, usted se dará cuenta que el tiempo es un maestro, y que, gracias a él, ahora es capaz de desplegar su mayor potencial creativo. Especialmente en temas ligados a la educación, los hijos, el arte, la filosofía, los viajes e idiomas, y la cultura en general, la segunda mitad del año será para Piscis de éxito, y de prosperidad en empresas y en los afectos.

La gran conjunción de Saturno y Neptuno (co-regente de Piscis) será su gran oportunidad de integrar su aspecto idealista y soñador, con lo real y posible. Puede concretar alguno de los sueños e ideales, ya que Saturno da forma concreta a los vaporosos ideales Neptunianos. Puede ser que a la hora de bajar los anhelos a la realidad concreta pierdan algo de su encanto, sin embargo, si lo ve desde el punto de vista optimista, podrá seguir trabajando para acercarse cada vez más a ellos.

CICLO DE 36 AÑOS Y REGENTE ANUAL

Compartimos a nuestros lectores un conocimiento de la astrología más esotérica, que hemos recibido generosamente del director de nuestra Escuela, León Azulay. Se trata de un Ciclo de 36 años de duración, al que está sujeto nuestro planeta Tierra, y cada uno de nosotros.

Cada ciclo de 36 años está "gobernado" por un planeta. Del ciclo en el que nos encontramos el gobernante es Saturno. Comenzó en el año 2017 y finaliza en el año 2052.

Estos son 36 años de aprendizajes muy concretos en el planeta Tierra, Saturno es el Maestro, y puede manifestar cierta dureza, pero al mismo tiempo brinda experiencias enriquecedoras, si sabemos capitalizarlas. Saturno rige la Ley, es necesario recordar que el maestro esenio trajo una nueva ley para renovar al "ojo por ojo", dijo: "Amaos los unos a los otros". Saturno hace que sintamos el peso de la responsabilidad sobre nuestras espaldas. Ya que concreta los efectos de las causas generadas (Karma). Puede sentirse algo incómodo, ya que, como el tutor de las plantas, busca guiar y enderezar desvíos.

Los regentes de cada ciclo se suceden en el siguiente orden: Sol, Saturno, Venus, Júpiter, Mercurio, Marte y la Luna, volviendo a iniciar posteriormente la regencia en el mismo orden.

El siglo XX comenzó en el ciclo de Mercurio, que comenzó en 1873 y terminó en el año 1908 (período de nuevas comunicaciones); luego siguió el ciclo de Marte, de 1909 a 1944 (período de las dos Guerras Mundiales); después, el de la Luna, de 1945 a 1980 (conformando cambios en las familias y naciones); después, el del Sol, que comenzó en 1981 y terminó en el año 2016 (grandes cambios en el poder mundial, el Sol son los líderes). El Ciclo actual, de Saturno, comenzó en 2017, por lo cual este año 2024 es el octavo año del ciclo indicado, que durará bajo regencia saturnina hasta el año 2052, comenzando en 2053 con el ciclo de Venus, el cual terminará en el 2088, siguiendo luego el de Júpiter, etc.

A su vez, dentro este Gran Ciclo, cada año tiene además un planeta determinado como regente. Este 2025, es Mercurio. Dentro de cada ciclo, la regencia anual de los planetas es en el siguiente orden, como lo muestra la siguiente tabla: Venus, Mercurio, Luna, Saturno, Júpiter, Marte y Sol.

TABLA DEL CICLO SATURNINO - 2017 a 2052						
Venus	2017	2024	2031	2038	2045	2052
Mercurio	2018	2025	2032	2039	2046	-
Luna	2019	2026	2033	2040	2047	-
Saturno	2020	2027	2034	2041	2048	-
Júpiter	2021	2028	2035	2042	2049	-
Marte	2022	2029	2036	2043	2050	-
Sol	2023	2030	2037	2044	2051	-

Como vemos, la regencia del gobernante del ciclo impera durante 36 años, y frente a cada planeta están los años donde ese planeta rige junto con Saturno, que es el general.

Este año 2025, el Regente Anual es Mercurio. Este planeta era llamado el Dios Hermes para los Griegos, considerado el "Mensajero de los Dioses". Mercurio es la capacidad de pensar lógicamente y comunicar positivamente ideas a otros; capacidades humanas, que no son compartidas con los animales, al no poseer un lenguaje estructurado (expresión del pensar).

Las expresiones negativas de un año Mercurial (recordemos que este 2025, es Ascendente Géminis, regido también por Mercurio) podrían ser: exceso de sobrecarga mental (falta de digestión de la información recibida), dificultad para sostener la atención, nerviosismo, afección al juego, engaños, muchas palabras que no dicen nada (falta de contenido).

Por el lado positivo, las aptitudes de análisis y reflexión, el desarrollo de un pensamiento crítico y diferenciado de la masificación, las aptitudes técnicas, la capacidad de oratoria, la actitud de aprendiz (la curiosidad y siempre querer aprender algo nuevo), serán aptitudes muy necesarias a desarrollar y mantener a lo largo del 2025, para afrontar el año con más armonía.

EL ÁRBOL DE LA VIDA

Rumi

Rumi: místico sufí que nació el 30 de septiembre de 1207 en Balj, en la actual Afganistán y murió en Konya el 17 de diciembre de 1273.

Un sabio contó que en Indostán había un árbol que tenía la maravillosa virtud de hacer que aquel que comiera de su fruto viviera para siempre. Al escuchar esto, un rey envió a uno de sus cortesanos en su búsqueda. El cortesano se dirigió a Indostán, y viajó a través de todo el país, preguntando a todos los que veía dónde podía encontrar ese árbol. Algunas de esas personas confesaron su completa ignorancia, otras se burlaron de él, y otros le dieron falsa información; y finalmente, tuvo que regresar a su país con su misión no cumplida. Entonces, como último recurso, se dirigió al sabio que había hablado del árbol y le rogó que le diera más información, y el sabio le respondió de la siguiente manera:

El Sheik se rió de él y le dijo: "Oh amigo,
éste es el árbol del conocimiento, oh conocedor;
muy alto, muy fino, muy expansivo,
la verdadera agua de la vida del océano circunfluente.
Tú has corrido tras la forma, oh mal informado,
por esa razón tú careces del fruto del árbol de la *substancia*.
Algunas veces es llamado árbol, otras veces sol,
algunas veces lago y otras, nube.
Es uno, aunque tiene miles de manifestaciones;

¡su menor manifestación es la vida eterna!
Aunque es uno, tiene miles de manifestaciones.
Los nombres que le son apropiados son incontables.
Ése para tu personalidad es un padre,
con respecto a otro, él puede ser un hijo.
En relación a uno, Él puede ser enojo y venganza;
en relación con otro, misericordia y bondad.
Él tiene miles de nombres y sin embargo es Uno,
respondiendo a todas sus descripciones; sin embargo,
                                                          indescriptible.
Todo aquel que busque nombres, si es un hombre de credulidad
como tú, permanece desesperanzado y frustrado de
                                                           encontrar su meta.

¿Por qué te adhieres a este mero nombre de árbol,
al punto de quedar totalmente detenido y desilusionado?
¡Pasa por encima de los nombres y mira las cualidades,
para que éstas te puedan conducir a la esencia!
La diferencia de las religiones surge de Sus nombres;
¡cuando penetran Su esencia encuentran Su paz!"

Este cuento es seguido por otra anécdota ilustrativa de la misma tesis, de que atender a los meros nombres y formas externas, en vez del espíritu y a la esencia de la religión, conduce a los hombres al error y a la desilusión.
Cuatro personas, un persa, un árabe, un turco y un griego, estaban viajando juntos cuando recibieron como obsequio un denario. El persa dijo que compraría *augur* con él, el árabe dijo que él compraría *ináb*, mientras que el griego y el turco comprarían *astafil* y *úsum* respectivamente. El caso es que estas cuatro palabras querían decir una misma cosa: "uvas".
Pero debido a la ignorancia de cada uno de ellos en los lenguajes de los demás, se imaginaron que deseaban cosas distintas y surgió entre ellos una violenta pelea. Finalmente, un hombre sabio que conocía a todas las lenguas se acercó y les explicó que estaban todos deseando la misma cosa.

LA EVOLUCIÓN DEL HOMBRE
Rumi

Primero apareció en la clase de las cosas inorgánicas,
luego pasó de allí a la de las plantas.
Por años vivió como una de las plantas,
sin recordar nada de su estado inorgánico, tan diferente;
y cuando pasó del estado vegetativo al animal,
no le quedó ningún recuerdo de su estado como planta,
salvo la inclinación que sentía por el mundo de las plantas,
especialmente en el tiempo de la primavera y de las dulces
                                                    flores.
Semejante a la inclinación de los niños por sus madres,
que no conocen la causa de su afición por el pecho;
o la profunda inclinación de los jóvenes discípulos
hacia sus nobles e ilustres maestros.
La razón parcial del discípulo proviene de aquella Razón,
la sombra del discípulo proviene de aquella rama.
Cuando cesan las sombras en los discípulos
ellos conocen la razón de su atracción por los maestros.
Ya que, oh afortunado, ¿cómo puede la sombra moverse,
a menos que el árbol que arroja la sombra también se mueva?
Nuevamente, el gran Creador, como tú sabes,
arrastró al hombre del estado animal al humano.
Así el hombre pasó de un orden de naturaleza al otro,
hasta que llegó a ser sabio conocedor y fuerte como lo es
                                                    ahora.
De sus primeras almas él ahora no tiene recuerdos,
y será nuevamente mudado de su alma presente.

A fin de escapar de su alma actual llena de codicia,
debe contemplar miles de almas razonables.
Aunque el hombre cayó dormido y olvidó sus estados anteriores,
sin embargo Dios no lo dejará permanecer en olvido de sí mismo;
y entonces se reirá de su estado anterior,
diciendo: "¿Qué importaban mis experiencias cuando estaba dormido?

 Cuando había olvidado mi próspera condición,
y no sabía que el dolor y los males que experimentaba
eran el efecto del sueño, la ilusión y la fantasía".
De la misma manera, este mundo, que solo es un sueño,
parece al durmiente una cosa que dura para siempre.
Pero cuando la mañana del último día amanezca,
el durmiente escapará de la nube de la ilusión;
la risa lo arrollará ante sus imaginados dolores,
cuando contemple su lugar y su hogar.
Cualquier cosa que veas en este sueño, tanto el bien como el mal,
todo será expuesto ante tu vista en el día de la resurrección.

 Cualquier cosa que hayas hecho durante tu sueño en el mundo
te será expuesta claramente cuando despiertes.

Escuela de Psicología y Filosofía Aztlan

y

Centro Astrológico Aztlan

CURSO ONLINE
Astrología Psicológica y Científica

En esta Formación veremos las bases y fundamentos de la Astrología Científica y Psicológica. El gran psicólogo suizo C. G. Jung contribuyó a la creación de una "Nueva Astrología" a partir de su cosmovisión del ser humano y lo que él llamara el proceso de Individuación. Este proceso implica reunir los fragmentos de las partes constitutivas de nosotros mismos y volverlos un todo armónico, tarea para la cual se vuelve imprescindible la sabiduría de la ciencia astrológica.

CONSULTORÍA ASTROLÓGICA

Una manera práctica de abordar todo aquello que nos inquieta de la mano de la Astrología. La Consultoría Astrológica consiste en una entrevista sobre temas puntuales que necesitas trabajar para sentirte mejor contigo mismo y con los demás. Nuestros Astrólogos en la Ciencia Astrológica se valen de los distintos elementos astrológicos que develan respuestas a las que el Ego muchas veces no tiene fácil acceso. La Carta Natal, Revolución Solar, Revolución Lunar y Direcciones, permiten al momento de la consulta brindar una completa lectura de las energías planetarias que están dinamizando los diferentes aspectos de su vida emocional, relacional, profesional, económica y física.

Para mayor información visitar:

www.centroastrologico.com.ar

+1 (302) 264-0420   secretaria@aztlan.org.ar

Visita nuestro Canal de Youtube:
www.youtube.com/@aztlancentroastrologico

Escuela de Psicología y Filosofía Aztlan
y
Centro Astrológico Aztlan

CURSO ONLINE
Psicología Transpersonal

Con 60 años de investigación, práctica y enseñanza de la sabiduría de todos los tiempos, el Filósofo León Azulay, elaboró un sistema de prácticas basado en una nueva visión holística del ser humano y la vida, complementariamente con las enseñanzas de Carl G. Jung y G. I. Gurdjieff. El Método Aztlan de enseñanza se centra en que los participantes de nuestros cursos puedan acceder a una experiencia de otra Consciencia en Sí Mismos que la cotidiana de todos los días.

Al ir teniendo demostraciones prácticas de esta Consciencia Plena, su vida se transforma; su percepción se amplía y los errores que llevan al dolor y sufrimiento pueden cambiarse. Todas estas ideas orientan a que el participante alcance un estado de Atención Plena en el Presente, reduciendo la ansiedad del futuro y los conflictos del pasado.

- *Psicología Profunda de Carl G. Jung.*
- *Cuarto Camino de Gurdjieff, Ouspensky y Nicoll.*

Solicite el Programa completo de Estudio

Para mayor información visitar:
www.aztlan.org.ar

+1 (302) 264-0420   secretaria@aztlan.org.ar

Visita nuestro Canal de Youtube:
www.youtube.com/@Elescarabajodeoroaztlan

OTRAS PUBLICACIONES DE NUESTRA EDITORIAL

"Guía Práctica De Astrología" -

He aquí, una guía sumamente práctica y esclarecedora (tanto para neófitos como para estudiantes) para adentrarse en el saber astrológico, y así aprender a leer la Carta Natal.

El mayor aporte de este libro, consiste en que expone un novedoso método, que logra una síntesis entre la sabiduría milenaria de la astrología tradicional, a la que se le suman hoy los aportes del enfoque moderno de la astrología psicológica, de la cual el gran psicólogo Carl Gustav Jung fuera uno de sus precursores.

Colección de "Anuario Astrológico Aztlan" -

Desde la presentación del "Anuario Astrológico Aztlan 2020", ya hemos publicado de manera consecutiva seis Anuarios Aztlan.

Le invitamos a completar su colección.

Adquiera Nuestros Libros a través de:

🟢 +1 (302) 264-0420   ✉ secretaria@aztlan.org.ar

Made in the USA
Columbia, SC
08 July 2025